경력 초기 성별 임금 격차 연구

곽은혜

한국노동연구원

목 차

표 목 차

그림목차

요 약

1. 연구 주제

출산 후 자녀 양육과 가사 부담의 불균형은 성별 임금 격차의 주요한 원인으로 지목된다. 하지만 돌봄의 책임이 불균형하게 지워지지 않는 결혼 이전에도 성별 임금 격차는 존재한다. 2015년 이후 한국 여성의 대학 취학률이 남성 취학률을 넘어섰고, 노동시장 이행 시점에서 여성과 남성은 모두 자녀 양육의 영향이 없을 것임에도 불구하고 경력 초기 여성은 남성보다 더 적은 근로소득을 얻는 것으로 관찰된다.

2013~2019년 대졸자 직업이동 경로조사를 이용하여 추정한 결과, 대졸 여성은 졸업 전 남성보다 9% 낮은 유보임금을 형성하고 7.4% 낮은 첫 임금을 받는다. 보고서는 동일한 학력과 전공에도 불구하고 대졸 여성이 남성보다 낮은 유보임금을 형성하고 그 결과 첫 일자리에서 남성과 여성의 임금 격차가 나타나는 원인에 대해 연구하고자 한다.

본 연구에서 고용형태별 근로실태조사를 통해 발견한 흥미로운 사실은 남성 근로자는 연령에 따라 임금이 지속적으로 증가하는 모습을 보이지만 여성 근로자는 30대 후반부터 임금 증가율이 정체되거나 감소하는 모습을 보인다는 점이다. 연령에 따른 임금 증가율은 30대 후반부터 남녀 격차가 커지기 시작하고, 연령대별 임금 궤적의 격차는 산업에 따라 다르게 나타난다.

임금 궤적 격차의 원인은 여성이 남성보다 적은 양과 질의 노동력을 투입하기 때문일 것이다. 선행연구에 기반할 때 출산 후 자녀 양육과 비금전적 가치에 대한 선호가 여성과 남성의 노동 투입 차이를 야기할 수 있다. 여성들이 향후 발생할 수도 있는 커리어 변화나 비금전적 가치를 중요시하는 성향을 반영하여 직업 선택을 한다면 여성들은 향후 적은 노동 투입에 대해 임금 페널티가 작은 직업을 선호할 것이다. 안정적 임금 상승을 기대할 수 있는 남성과 달리 여성은 생애 임금이 안정적으로 증가하는 직업에 대해서는 그에 대한 대가로 낮은 유보임금을 형성할 가능성이 있다. 본 연구는 이로 인해 유보임금과 첫 임금의 성별 격차가 나타날 수 있다고 보고 이에 대한 실증 근거들을 제시하고자 한다.

2. 성별 유보임금 및 첫 임금 격차

보고서는 세 개의 분석 장으로 구성된다. 제2장에서는 대졸자 직업이동 경로조사(GOMS, Graduates Occupational Mobility Survey)를 이용하여 유보임금과 첫 임금의 성별 격차를 추정하고, 유보임금과 실현된 첫 임금 사이의 관계를 살펴보았다. 요인분석을 통해서는 유보임금 및 첫 임금 격차에 영향을 주는 요인들을 살펴보고 경력 초기 성별 임금 격차와 관련된 정형화된 사실들을 제시하였다.

유보임금에 영향을 미칠 수 있는 인적 특성, 재학 중 성과, 205개의 세부 전공을 모두 통제한 뒤에도 대졸 여성의 졸업 전 유보임금은 남성보다 9.0% 낮게 추정되었다. 성별 유보임금 격차는 2~3년제 대학 졸업생 사이에서 10.2%, 4년제 대학 졸업생 사이에서 8.3%로 나타나 4년제 대학에서 남학생과 여학생의 유보임금 격차가 더 작게 관찰되었다. 마찬가지로 인적 특성, 재학 중 성과, 세부 전공, 근로시간을 포함한 일자리 특성을 모두 통제한 뒤에도 대졸 여성은 남성보다 7.4% 더 낮은 첫 임금을 받았는데, 2~3년제 졸업생의 성별 첫 임금 격차는 10.7%, 4년제 대학 졸업생의 성별 첫 임금 격차는 6.1%로 추정되었다.

남녀 모두 대학 졸업 전 유보임금과 실현된 첫 임금은 강한 양의 상관관계를 보였다. 개인의 유보임금이 10% 높을 때 실현된 첫 임금은 남성이 2.41%, 여성이 1.63% 더 높아졌다. 유보임금 증가율보다 실현된 첫 임금의 증가율이 더 낮은 이유는 구직 경험을 거치며 구직자들이 현실에 맞는 수준으로 유보임금을 조정하기 때문이다. 흥미로운 사실은 유보임금과 첫 임금 사이의 관계성이 남성보다는 여성에게서 더 작게 나타난다는 점이다. Cortés et al.(2023)에 따르면 구직기간이 길어짐에 따라 구직자들은 유보임금을 낮추며 실제 임금과 유보임금을 가깝게 조절하는 학습 경험을 거치는데, 그 속도가 여성이 남성보다 빠르게 나타난다. 이는 여성들의 위험 회피적 성향과 남성들의 낙관적인 자기 평가에 기인한 결과이다.

여성은 남성보다 노동시장 이행 전부터 낮은 일자리 기준을 설정하고, 이는 첫 일자리 선택에 영향을 미친다. 나아가 여성들은 구직 경험을 거치며 유보임금을 남성보다 빠르게 조절하는 경향이 있는 것으로 보인다. 또한 대학 졸업 전 유보임금이 높은 사람은 높은 임금의 산업으로 이행할 가능성이 높고, 높은 임금과 관련된 일자리 특성을 가질 확률이 높다는 사실도 분석을 통해 확인할 수 있었다.

노동시장 진입 이전 향후 노동시장 성과에 대한 기대가 첫 일자리 질에 영향을 미친다는 사실은 청년들이 인식하는 노동시장 성과에 대한 기대가 실현되는 미래 소득에 장기적 영향을 줄 수 있음을 함의한다. 첫 일자리의 영향은 낙인효과나 인적자본 축적을 통해 장기간 지속되기 때문이다(Kahn, 2010). 특히 높은 교육 수준에도 불구하고 여성이 방어적으로 고용의 질을 낮추는 경향은 그 원인을 파악하고 정책 개입을 통해 개선이 가능한 영역이 있는지 판단할 수 있도록 더 많은 연구가 필요할 것이다.

또한 대학 재학기간과 구직기간 동안 여성이 본인의 인적자본에 맞는 적절한 기대와 기준을 형성할 수 있도록 경력 탐색을 돕는 멘토링, 컨설팅 서비스가 경력 초기 임금 격차 완화를 위해 필요할 것으로 보인다. 현재 청년층의 고용 촉진을 위해 대학 재학 시기부터 진로 역량을 강화하고 취업 활동 계획 수립을 돕는 선제적 고용서비스가 제공되고 있다. 이 서비스가 단순히 일관된 정보를 주는 서비스에서 나아가 청년 개개인이 역량에 맞는 취업 목표를 설정하고 필요한 훈련을 받을 수 있도록 연계하는 개별화된 서비스로 발전되어야 할 것이다.

3. 성별 임금 증가율 격차와 첫 임금 격차

제3장과 제4장에서는 노동시장 진입을 앞둔 여성들의 생애 임금 궤적에 대한 기대(belief)가 성별 유보임금 격차를 야기하는지 분석하였다. 먼저, 제3장에서는 고용형태별 근로실태조사와 대졸자 직업이동 경로조사를 이용하여 여성의 임금이 안정적으로 증가할 것으로 예상되는 산업에서 성별 초임 격차가 크게 나타나는지 살펴보았다. 제3장의 결과는 크게 세 가지로 요약된다. 첫째, 연령에 따른 남성들의 임금 변화는 모든 산업에서 안정적으로 증가하는 동일한 패턴을 보이지만 여성 근로자의 연령에 따른 임금 변화는 산업에 따라 다른 패턴을 보인다. 둘째, 많은 산업에서 여성 근로자의 임금은 30대 이후 증가세가 둔화된다. 셋째, 예상 임금 증가율의 남녀 격차가 작은 산업에서 남녀 초임 격차가 크다.

고용형태별 근로실태조사를 통해 분석한 결과, 18개의 대분류 산업 중 11개의 산업에서 여성은 연령에 따라 임금이 증가하지 않고 감소하는 구간이 존재하였다. 반면 남성은 모든 산업에서 근로자의 연령이 증가함에 따라 임금도 지속적으로 증가하는 모양을 보였다. 현 직장 근속기간 또한 남성은 모든 산업에서 근로자의 연령이 증가할수록 현 직장 평균 근속기간이 증가하는 패턴을 보이지만 여성은 산업마다 그 패턴에 차이가 있었다. 일부 산업에서는 남성과 마찬가지로 근로자의 연령이 증가함에 따라 현 직장 평균 근속기간이 지속적으로 증가하지만, 30대 이후 근로자의 연령이 증가하여도 평균 근속기간이 증가하지 않는 산업도 존재한다. 이들 산업은 40대 여성 근로자 중 재취업이나 이직을 한 근로자가 많음을 뜻한다.

여성 근로자의 임금이 연령에 따라 남성과 비슷하게 변하는 산업에서는 20대 후반 대졸 근로자 사이에 성별 임금 격차가 크게 관찰되었다. 이는 여성들이 향후 남성과 비슷한 임금 증가를 기대할 수 있는 산업은 여성이 임금을 낮추어서 진입했을 가능성이 있음을 함의한다. 하지만 연령에 따른 임금 변화의 성별 격차가 큰 산업이라고 하여 여성들이 그 산업에 적게 진입하는 것은 아니었다. 다만 진입 시점 임금에서의 차이만 보일 뿐이었다. 임금 증가율의 성별 격차는 성별 초임 격차에도 유의한 영향을 미친다. 여성 근로자의 연령에 따른 임금 변화가 남성 근로자와 비슷한 궤적을 보이는 산업일수록 남성 대비 여성 대졸자의 첫 임금이 낮아져 성별 초임 격차가 크게 나타났다.

제3장에서 새롭게 발견한 정형화된 사실은 연령에 따라 임금이 지속적으로 증가하는 남성과 달리 여성은 산업별로 연령에 따른 임금 변화의 정도가 다르게 나타나고, 연령에 따라 성별 임금 격차가 더 심해지는 산업이 존재한다는 것이다. 성별 임금 격차 완화를 위해 임금 공시, 승진 및 임금 차별 금지, 여성의 경력 발전을 위한 교육 · 멘토링 · 네트워킹 제공 등 다양한 정책이 시행되고 있다. 제3장의 결과는 이러한 정책들이 높은 효과성을 갖기 위해서는 업종별 특성을 함께 파악할 필요가 있음을 시사한다.

예컨대, 여성 근로자의 근속연수와 임금 증가율이 30대를 지나면서 함께 감소하는 산업은 모성보호제도 활성화가 특히 더 필요한 산업일 수 있고, 경력에 맞는 인적자본 성장을 위해 여성 근로자 멘토링, 네트워킹 프로그램이 큰 효과를 발휘할 수 있는 산업일 수 있다. 또한, 성과 기반 보상 체계가 강한 산업 분야는 근속연수의 차이 없이 임금 증가율의 격차만 나타날 수 있다. 이러한 산업에서는 성별에 따른 성과 평가 대신 동등한 기여도를 보일 수 있는 업무체계를 구축하거나 여성 관리자 비중을 높이기 위한 교육 훈련 프로그램을 제공하는 것이 성별 격차 완화를 위한 적합한 지원이 될 수 있을 것이다.

4. 남녀 임금 증가율에 대한 기대와 유보임금 격차

제4장에서는 수도권 대학 4학년 학생들을 대상으로 생애 임금 궤적에 대한 기대를 직접 묻고 유보임금과의 관계를 추정하였다. 조사는 본인이 취업을 희망하는 일자리에서 받을 것으로 기대하는 연령대별 생애 임금 궤적과 유보임금, 해당 일자리에서 평균적으로 형성되어 있을 것으로 예상하는 노동시장 임금 궤적을 묻고 남성과 여성의 기대에 차이가

존재하는지 살펴보았다. 더 중요하게는 응답한 정보를 바탕으로 다음의 세 가지 분석을 진행하였다.

첫째, 희망하는 일자리에 취업하여 받을 것으로 예상하는 본인의 생애 기대 임금 궤적이 유보임금에 미치는 영향을 살펴보았다. 둘째, 희망하는 일자리에서 동일 전공 대졸자가 받을 것으로 예상하는 남녀 평균 임금 궤적을 조사하고, 남녀 임금 궤적의 격차를 작게 예상할수록 여성의 유보임금이 낮아지는지 추정하였다. 셋째, 생애 임금 궤적과 관련한 세 개의 상황을 설정하고 응답자에게 무작위로 하나의 상황만 제시한 뒤 그 상황에서의 유보임금을 질문하였다. 그리고 저성과 근로자에 대한 임금 페널티가 작은 시나리오를 제시받은 경우에 여성들의 유보임금이 유의하게 낮아지는지 추정하였다. 이를 통해 안정적 임금 상승에 대한 기대가 여성의 유보임금에 영향을 주는지 검증하고자 한 것이다.

분석 결과를 요약하기 이전에 설문조사에서 흥미로운 사실들을 많이 발견할 수 있었다. 첫째, 노동시장 진입 전 예상하는 본인의 초임은 남성이 여성보다 약 10% 높았다. 둘째, 노동시장 진입 전 남성은 본인의 생애 임금 증가율에 대해 여성보다 낙관적으로 기대하고 있었다. 셋째, 남녀 학생 모두 노동시장에서 평균적으로 여성 근로자의 임금이 남성보다 낮고 임금 상승률도 낮을 것이라고 예상하였다. 넷째, 그 원인에 대해 남성 응답자는 남녀 선호와 성향 차이를 가장 큰 원인으로 꼽았고, 여성은 출산과 자녀 양육 부담, 노동시장에서의 성차별을 가장 큰 원인으로 꼽았다. 다섯째, 노동시장 진입 전 여성은 향후 본인의 업무량과 성과에 대해 남성보다 더 부정적으로 예상하고 있었다. 여섯째, 일자리에서 평균 대비 저성과를 예상하는 여성은 그 원인으로 출산과 자녀 양육, 업무 능력의 차이, 노동시장에서의 차별을 꼽았고 저성과를 예상하는 남성은 그 원인으로 업무 능력의 차이, 적은 업무량과 업무의 종류에 대한 선호를 그 원인으로 꼽았다.

본인의 생애 임금과 유보임금의 관계에 대한 분석 결과를 요약하면, 남성과 여성 모두 본인이 기대하는 생애 임금 궤적의 기울기가 가파를수록 유보임금은 낮아진다. 취업을 희망하는 일자리에서 본인이 높은 임금 증가율을 가질 것으로 기대한다면 경력 초기 임금을 낮추어서라도 그 직업에 들어가는 것이 생애 임금을 높일 수 있기 때문이다.

한편, 본인의 임금과는 별개로 노동시장에서 형성되어 있을 것으로 예상하는 남녀 임금 궤적의 격차에는 남성과 여성의 유보임금이 다르게 반응하였다. 노동시장 진입 전 여성은 동일 전공 여성 근로자의 평균 임금 증가율이 남성 근로자의 평균 임금 증가율과 가까울 것으로 기대할 때 유보임금이 낮아졌다. 하지만 노동시장 진입 전 남성은 동일한 기대 하에서 유보임금이 오히려 높아졌다. 여성은 저성과에 대한 임금 페널티가 작은 직업을 선호하고, 남성은 성과에 대한 보상체계가 뚜렷한 직업을 선호하는 경향이 있어 이러한 결과가 나타났을 수 있다. 설문조사를 이용한 제4장의 실증분석 결과는 노동시장 진입 전 경제주체가 노동시장 내 남녀 임금 증가율의 격차를 작게 예상할수록 첫 일자리 유보임금의 성별 격차는 크게 나타남을 발견하였다.

제3장과 제4장에 걸친 분석 결과는 실현되지 않은 향후 성별 임금 격차에 대한 예상이 노동시장 진입 단계에서부터 영향을 미칠 수 있음을 보여주었다. 이 결과는 여성의 생애 임금이 남성과 달리 연령에 따라 안정적으로 증가하지 않을 수 있다는 사실에서 비롯된다. 여성의 생애 임금 궤적이 남성과 같이 안정적으로 증가한다면 여성이 미래 임금 증가율의 안정성에 대한 대가로 첫 임금(또는 유보임금)을 낮추지 않아도 될 것이기 때문이다.

앞서 여성의 임금 증가율이 불안정한 이유는 여성이 남성에 비해 노동 투입의 양과 질이 평균적으로 적고 남녀의 선호가 다를 수 있기 때문이라고 설명하였다. 선호의 차이로 인한 노동 투입의 격차는 남성과 여성의 효용 격차를 야기하지는 않을 것이므로 논외로 하더라도, 그 외 요인으로 인해 여성의 노동 투입이 낮아지는 것에 대해서는 정책 개입의 여지가 없는지 고민할 필요가 있다.

선호 차이 외에 노동 투입의 성별 격차를 야기하는 중요한 원인 중 하나는 여성의 출산 후 양육과 가사 부담이다. 출산으로 인해 여성의 노동 공급과 임금이 감소하는 현상을 일컫는 자녀 페널티(child penalty)는 거시적 관점에서는 출산 후 여성 인력의 효율적 활용과 출산율 제고의 측면에서, 개인적 관점에서는 여성 개인의 경력 개발 및 지속적 경제활동의 측면에서 개선되어야 할 사회적 문제로 인식되었다. 본 연구에서 제시하는 결과는 자녀 페널티(child penalty)가 자녀가 없는 청년 여성들의 임금에도 부정적인 영향을 야기할 수 있음을 함의한다. 노동시장에서 관찰되는 자녀 페널티(child penalty)가 크고, 그로 인해 청년 여성들이 노동시장 진입 전부터 큰 자녀 페널티(child penalty)를 예상한다면 그것이 여성들의 첫 임금에 부정적인 영향을 미칠 수 있기 때문이다.

실현되지 않은 현상에 대한 위험(risk)이 여성들에게만 존재하고 그 위험을 낮추기 위해 여성들이 낮은 임금을 수용하는 비용을 지불할 수 있다. 이는 실현된 자녀 페널티(child penalty)의 비용보다 더 큰 사회적 비용이 존재할 수 있음을 의미하고, 가사 노동의 공평한 분담, 보육 및 가사 지원 서비스의 확대와 같은 여성의 지속적 경제활동을 위한 정책의 중요성을 지금보다 더 크게 강조할 것이다.

제 1 장
서 론

제1절 연구 배경 및 주제

1. 문제의식 및 연구 주제

과거 성별 임금 격차의 가장 큰 원인은 교육 수준의 차이에 있었으나 남성과 여성의 교육 격차가 감소하며 성별 임금 격차 또한 크게 감소하는 추세가 나타났다. 하지만 성별 임금 격차의 감소 속도는 2010년 이후 크게 둔화되었으며 수직적 교육 격차가 사라진 현재에도 성별 임금 격차는 여전히 관찰된다. Blau and Kahn(2017)과 Goldin(2014)에 따르면, 대다수의 고소득 국가에서 남성과 여성의 인적자본 격차는 더 이상 존재하지 않고, 오늘날 노동시장에 남아있는 성별 격차는 대부분 여성에게 과도하게 지워지는 출산의 부정적 영향으로 설명된다. 불균형적인 가사와 양육의 책임은 노동 공급과 인적자본 투자, 직업 선택의 차이를 야기하며 성별 임금 격차의 주요한 원인으로 언급되는 것이다(Kleven, Landais and Søgaard, 2019).

하지만 가정 돌봄의 책임이 불균형하게 지워지지 않는 결혼 이전에도 성별 임금 격차는 존재한다. 2015년 이후 한국 여성의 대학 취학률이 남성 취학률을 넘어섰고, 노동시장 이행 시점에서 여성과 남성은 모두 자녀 양육의 영향이 없을 것임에도 불구하고 경력 초기 여성은 남성보다 더 적은 근로소득을 얻는 것으로 관찰된다(early-career gender inequality). 첫 직업과 첫 임금은 이후 노동시장 경력과 임금 궤적에 영향을 미치고(Kahn, 2010; Altonji, Kahn, and Speer, 2016; Oreopoulos et al., 2012; Schwandt and von Wachter, 2019 등), 여성의 낮은 임금은 결혼 후 남성과의 가사시간 분담에 불균형을 야기하여 더 큰 성별 격차로 이어질 수 있다. 또한 여성이 본인의 인적자본 수준보다 더 적은 임금을 받으며 노동시장에 안착하는 것은 인적자본의 효율적 활용 측면에서도 부정적이므로 경력 초기 남녀 임금 격차에 대한 이해는 중요한 연구 의의를 가진다.

본 연구는 대졸자 직업이동 경로조사(GOMS, Graduates Occupational Mobility Survey) 데이터를 이용하여 세 가지 정형화된 사실을 제시하며 논의를 시작한다. 첫째, 대졸 여성은 졸업 전 남성보다 9% 낮은 유보임금을 형성한다. 둘째, 인적자본을 포함한 인구통계학적 특성과 일자리 특성을 통제한 뒤에도 대졸 여성은 대졸 남성보다 첫 임금이 7.4% 더 낮다. 셋째, 남성과 여성 모두 유보임금이 높을수록 실현된 첫 임금이 높다. 이론적으로 유보임금은 직업이 없는 상태에서의 효용과 유보임금 수준에서 직업을 가졌을 때의 효용이 같아지는 지점에서 결정된다. 유보임금이 낮으면 낮은 임금의 일자리를 수락할 가능성이 증가하므로 첫 일자리에서의 성별 임금 격차는 유보임금 격차에서부터 비롯된다고 볼 수 있다.

본 연구는 동일한 인적자본을 가짐에도 불구하고 대졸 여성이 남성보다 낮은 유보임금을 형성하고 그 결과 첫 일자리에서 남성과 여성의 임금 격차가 나타나는 원인을 탐색하고자 한다. 유보임금을 형성할 때에 청년들은 단기적 임금만을 고려하는 것이 아니라 생애 임금을 고려할 것이고, 남성과 여성의 생애 기대 임금에는 차이가 발생할 수 있다. 이들이 미래 노동시장에서의 경력과 성과에 대해 다른 기대를 형성할 것이기 때문이다.

남성은 장기 임금 궤적을 고려하더라도 첫 임금이 높은 일자리를 선택할 유인이 높다. 일반적으로 일의 숙련도와 경력에 따라 임금이 상승할 것이므로 첫 임금이 높은 직업에서 미래 임금도 높을 것을 기대할 수 있기 때문이다. 하지만 남성과 달리 여성의 경우 출산 후 자녀 페널티(child penalty)의 위험이 존재하거나 적은 노동력 투입에 대해 임금 페널티가 크게 발생한다면 첫 임금이 높은 일자리와 생애 기대 임금이 높은 일자리는 다를 수 있다.

예컨대, 특정 일자리가 첫 임금이 높더라도 출산 후 경력단절이나 임금 하락의 가능성이 높다면 생애 기대 임금은 낮아질 수 있다. 이 경우 여성들은 첫 임금이 낮더라도 향후 임금 안정성이 높은 직업을 선택할 가능성이 있다. 출산을 포함하여 다양한 이유로 여성은 남성보다 미래 노동공급에 대해 더 부정적인 기대를 하고 미래 임금 안정성과 경력 초기 임금 사이의 교환(trade off)이 발생할 수 있다는 것이다. 본 연구는 데이터 분석을 통해 이 메커니즘을 뒷받침할 실증 근거를 제시하고, 설문조사 데이터를 이용하여 이를 검증하고자 한다.

2. 연구배경

실제 여성의 연령대별 임금은 남성보다 더 낮게 나타난다. [그림 1-1]은 25~29세 대비 30~34세, 35~39세, 40~44세, 45~49세 연령대 근로자의 상대

[그림 1-1] 근로자 연령에 따른 남녀 임금 궤적의 차이

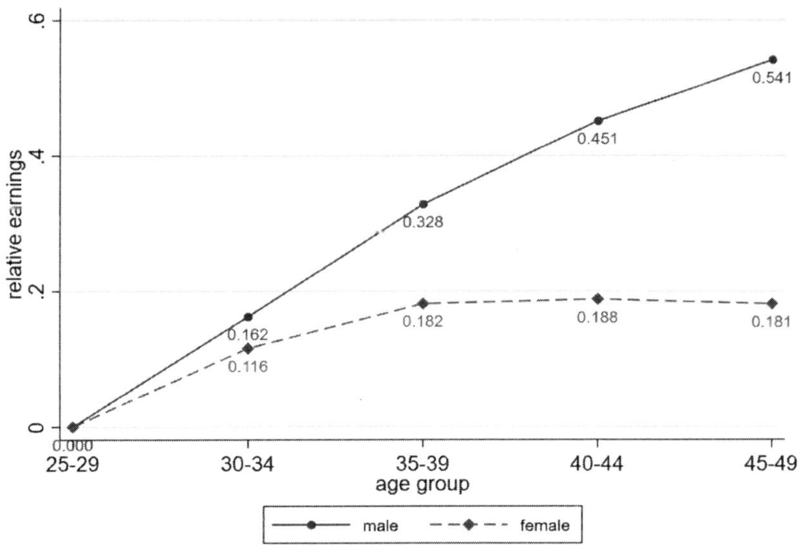

주 : 남녀 각각에 대해 월소득의 로그값을 종속변수로 하고 20대 후반 근로자 대비 다른 연령대 근로자의 상대임금을 추정한 결과. 학력(초대졸, 대졸, 대학원 이상), 산업, 연도 고정효과를 포함. 표본은 초대졸 이상인 경우로 한정.
자료 : 「고용형태별 근로실태조사」(2015~2019년)를 이용하여 저자 작성.

임금을 남녀 따로 추정하여 그린 그래프이다. 고용형태별 근로실태조사(2015~2019년)에서 초대졸 이상의 학력을 가진 사람만 포함하였고, 교육 수준, 산업, 연도 더미만 통제한 상태에서 연령대별 상대임금을 회귀분석을 통해 구하였다. 남성은 여성보다 연령에 따른 임금 상승이 크게 나타나고, 남성과 여성의 임금 증가율 차이는 30대 후반부터 커지기 시작한다. 30대 후반 이후 여성 근로자의 임금은 20대 후반 여성 근로자 임금보다 18% 정도 높고 40대 여성 근로자의 임금은 평균적으로 30대 후반 근로자의 임금과 큰 차이가 없다. 반면 남성 근로자의 경우 20대 후반 남성 근로자에 비해 연령대가 증가할수록 임금이 안정적으로 증가하는 모습을 볼 수 있다.[1)]

동일한 교육 수준과 연령대에서 여성의 임금이 남성보다 적은 이유는 무엇일까? 전통적인 Mincer 임금 함수(Mincer earnings function)는 임금을 인적자본(교육 수준)과 경력에 대한 함수로 정의한다. 여기에 Becker(1985)의 이론까지 더하면 임금은 인적자본(교육 수준), 경력, 직장에서의 역할 및 활동 정도(effort)의 영향을 받는다고 생각할 수 있다. 동일한 교육 수준임에도 여성이 남성보다 특정 연령대에 짧은 경력을 가졌거나 직장에서 적은 노동력(effort)을 투입한다면 여성의 생애 임금 증가 속도는 남성보다 느릴 것이다.

동일한 연령대에서 동일한 교육 수준을 가진 여성이 남성보다 적은 경력을 가졌거나 노동 투입의 질이 낮은 이유로 가장 먼저 생각할 수 있는 사실은 자녀 출산으로 인한 영향이다. 자녀 출산 이후 여성들이 경력 단절과 임금 하락과 같은 부정적인 영향을 경험한다는 사실은 이미 잘 알려져 있다(예 : Angelov et al., 2016; Kahn et al, 2014; Kleven et al., 2019; Markussen and Strøm, 2022; Miller, 2011). 그리고 다양한 노동시장 지위를 가진 여성들은 노동시장 지위별로 출산의 기회비용이 동일하지 않다(Kwak, 2022).[2)]

---

1) 교육, 산업, 연도 고정효과를 포함한 상태에서 25~29세 대졸 남성과 대졸 여성의 월소득 격차는 남성이 여성보다 6.4% 높다. 대졸 남성이 대졸 여성보다 노동시장 진입 시점이 늦어 20대 후반의 경력은 여성은 많을 것인데도 남성의 월소득이 여성보다 높게 나타난다.

2) Kwak(2022)은 안정적이고 고임금의 직업을 가진 여성들은 가사 일과 자녀 양육을 외부에 위탁할 여력이 있어 저임금 직업을 가진 여성들보다 자녀 출산 후에도 커리어를 유지할 가능성이 높고 자녀 페널티가 적게 나타난다고 설명한다.

Goldin(2014)은 오늘날 남아있는 성별 임금 격차가 장시간 근로의 격차와 장시간 근로에 주어지는 임금 프리미엄에 크게 기인한다고 설명한다. 남성은 여성보다 근로시간이 길고, 장시간 근로에 임금 프리미엄이 주어지는 비선형적 임금 구조로 인해 성별 근로시간 격차가 성별 시간당 임금 격차로 이어진다는 것이다. 장시간 근로가 중요하고 장시간 근로에 임금 프리미엄이 높게 부여되는 직종은 노동공급 감소로 인한 임금 손실이 특히 크게 나타난다. 이러한 특성은 여성 근로자의 자녀 페널티(child penalty)를 높이는 한편 장시간 근로에 효용 감소가 크지 않은 남성들의 임금은 높일 것이다. Goldin(2014)은 남녀 근로시간 격차가 나타나는 가장 큰 이유로 여성의 가사 및 양육 부담을 꼽았다.

한편, 여성은 성향 차이에 의해서도 남성보다 적은 근로시간을 투입하고 일 외의 시간에 더 큰 가치를 둘 가능성이 있다. 예컨대, Fortin(2008)에 따르면 여성이 업무보다 가족 및 관계를 더 중요하게 생각하는 성향이 있고, Flory et al.(2015)은 여성들이 남성보다 경쟁적인 업무 환경을 기피한다고 설명한다. Le Barbanchon et al.(2021)은 여성이 남성보다 짧은 통근 시간을 더 선호하고 이를 위해 더 낮은 임금도 감수한다고 설명한다. 이러한 성향 차이가 나타난다면 여성은 남성보다 향후 업무를 선택할 때 비금전적(nonpecuniary) 가치를 더 중요하게 생각하고 낮은 임금을 받을 수 있다.

노동시장에서 관찰되는 임금 궤적의 차이에서 가늠할 수 있듯 노동시장 진입 전 남성과 여성이 기대하는 생애 임금 수준은 차이가 나타날 수 있다. 여성들이 향후 발생할 수도 있는 커리어 변화[3]나 비금전적 가치를 중요시하는 성향을 미리 반영하여 생애 기대 임금을 형성한다면 남성과 여성은 동일한 직업에 대해서도 다른 생애 임금을 기대할 것이다. 자녀 페널티(child penalty) 또는 성향의 차이로 인해 여성이 남성보다 짧은 경력을 갖거나 적은 노동력(양과 질적 측면 모두에서)을 투입할 것으로 예상한다면 여성들은 이에 대한 임금 페널티가 가급적 적은 직업을 선호하게 될 것이다. 예컨대, 장시간 근로에 대해 임금 프리미엄이 크게 주어지는 직종은 적은 근로시간을 투입할 때 임금 페널티가 큰 직종으로 인식될 수 있고, 기술과 트렌드 변

3) 커리어 변화는 경력단절, 근로시간 단축, 가족 친화적인 일자리로의 이동 등 다양한 경우를 생각할 수 있다.

화가 빠른 직업은 출산 후 경력단절과 인적자본 마모의 위험이 클 수 있다.

제2절 연구 내용

보고서는 세 개의 분석 장으로 구성되어 있다. 서론에 이어 제2장에서는 대졸자 직업이동조사를 이용하여 유보임금과 실현된 첫 임금의 성별 격차를 추정하고, 유보임금과 실현된 첫 임금 사이의 관계를 살펴본다. 요인분석을 통해 유보임금 및 첫 임금 격차에 영향을 주는 요인을 살펴보고 경력 초기 성별 임금 격차와 관련된 정형화된 사실들을 제시하는 것을 분석의 목표로 한다.

제3장과 제4장에서는 노동시장 진입을 앞둔 여성들의 생애 임금 궤적에 대한 기대(belief)가 성별 유보임금 격차를 야기하는지 검증한다. 먼저, 대졸자 직업이동 경로조사와 고용형태별 근로실태조사를 사용하여 실증근거를 제시하고, 다음으로 설문조사 데이터를 이용하여 이를 검증하고자 하였다.

제3장에서는 고용형태별 근로실태조사(2009~2019)를 이용하여 산업별 남녀 임금 궤적의 격차와 경력 초기 성별 임금 격차의 관계를 살펴본다. 남성과 여성의 임금 궤적은 산업별로 그 궤적의 격차가 다르게 나타난다. [그림 1-1]과 같이 대체로 남성의 임금은 20대 후반과 비교하여 연령대가 증가할수록 지속적으로 임금이 증가하는 모습을 보이고, 여성은 산업에 따라 남성과 비슷하게 증가하는 산업이 있는가하면 40대부터 임금 증가가 나타나지 않거나 심지어 감소하는 산업도 있다. 여성의 임금 궤적이 남성의 임금 궤적과 가깝게 나타나는 산업은 여성 근로자들이 안정적으로 임금 상승을 기대할 수 있는 산업으로 간주할 수 있고, 이 경우 여성들은 비교적 더 낮은 초임을 감수할 유인이 있을 것이다. 연구에서 제시하는 메커니즘에 따르면 여성의 경우 안정적 임금 상승률[4)]과 경력 초기 임금 사이의 교환(trade off)이 발생함으로써 남녀 임금 궤적의 격차가 작은 산업은 남성과 여성의 경력

---

4) 안정적 고용과 안정적 임금 상승을 모두 포함하는 개념으로 이해할 수 있다.

초기 임금의 격차가 더 크게 나타날 것이다.

제4장에서는 수도권 대학 4학년 학생들을 대상으로 생애 임금 궤적에 대한 기대를 직접 묻고 유보임금과의 관계를 추정하였다. 조사는 본인이 취업을 희망하는 일자리에서 받을 것으로 기대하는 연령대별 생애 임금 궤적과 유보임금, 해당 일자리에서 평균적으로 형성되어 있을 것으로 예상하는 노동시장 임금 궤적을 묻고 남성과 여성의 기대에 차이가 존재하는지 살펴본다. 더 중요하게는 응답한 정보를 바탕으로 세 가지 분석을 진행하였다.

첫째, 희망하는 일자리에 취업하여 받을 것으로 예상하는 본인의 생애 기대 임금 궤적이 유보임금에 미치는 영향을 살펴본다. 둘째, 희망하는 일자리에서 동일 전공 4년제 대졸자가 받을 것으로 예상하는 남녀 평균 임금 궤적을 조사하고, 남녀 임금 궤적의 격차를 적게 예상할수록 여성의 유보임금이 낮아지는지 살펴본다. 셋째, 생애 임금 궤적과 관련한 세 개의 상황을 설정하고 무작위로 응답자에게 하나의 상황만 제시한 뒤 그 상황에서의 유보임금을 질문한다. 저성과 근로자에 대한 임금 페널티가 작은 시나리오를 제시받은 경우에 여성들의 유보임금이 유의하게 낮아지는지 추정한다. 이를 통해 안정적 임금 상승에 대한 기대가 여성의 유보임금에 영향을 주는지 알아보고자 한다.

제3절 선행연구

경력 초기 성별 임금 격차(early-career gender inequality)를 야기하는 원인에 대해 Card et al.(2015)은 “sorting channel”과 “bargaining channel”을 언급한다. sorting channel은 성별 직종분리 현상을 의미하며 Blau and Kahn(2006)의 연구에서도 성별 임금 격차의 수렴 속도가 느려진 것이 성별 직종분리 현상의 완화 속도가 느려진 것과 관련이 있다고 언급하고 있다. “bargaining channel”은 여성이 남성보다 임금 협상 능력이 낮아 동일 업무에 대해서도 더 적은 임금을 협상하게 되는 현상을 뜻한다.

여성들이 동일 조건의 남성들에 비해 더 낮은 임금의 직업을 선택하는 원인에 대해 일부 선행연구들은 성향(심리적 요인)의 차이를 언급한다. 예컨대, Fortin(2008)은 여성이 업무보다 가족 및 관계를 더 중요하게 생각하는 성향이 있고 이것이 미국 청년들의 성별 임금 격차를 야기한다고 설명한다. Flory et al.(2015)의 연구는 여성들이 남성보다 경쟁적인 업무 환경을 기피하고 이것이 취업 지원 결정에 영향을 준다는 사실을 보였다. Wiswall and Zafar(2018)는 NYU 재학생을 대상으로 직업 특성에 대한 선호와 미래 예상 임금, 그리고 졸업 후 실현된 임금을 조사하여 남성과 여성의 직업 선호가 성별 격차에 미치는 영향을 살펴보았다. 조사 결과, 여성들은 직업 안정성과 근무시간 유연성에 높은 선호를 가지고 있었고, 남성들은 임금 상승률이 높은 직업을 선호하였다. 연구는 직업 특성에 대한 이러한 선호 차이가 경력 초기 성별 임금 격차를 야기함을 보였다.

가장 최근의 연구로는 Cortés et al.(2023)의 논문에서 여성의 유보임금과 첫 임금이 남성보다 낮은 이유에 대해 여성이 남성보다 위험 회피 성향이 강하고 남성은 여성보다 자신의 능력을 긍정적으로 평가하는 경향이 있기 때문이라고 설명한다. 여성은 동일 조건의 남성보다 본인의 능력을 더 낮게 평가하므로 유보임금이 낮고, 낮은 유보임금과 강한 위험 회피 성향은 여성들의 첫 직업 선택을 빠르게 하는 한편 남성보다 상대적으로 낮은 임금의 직업도 쉽게 선택하게 한다는 것이다.

본 연구의 주제는 Cortés et al.(2023)과 동일하게 노동시장 진입 전 직업 선택의 단계에서부터 대졸 여성이 대졸 남성에 비해 낮은 유보임금을 설정하는 원인에 대해 탐구한다. Cortés et al.(2023)을 포함하여 남녀 성향 차이에 집중한 선행연구는 심리적 요인이나 효용의 차이가 남성과 여성의 단기적 결정에 미치는 영향을 연구한다. 반면, 본 연구는 생애 임금 극대화에 초점을 맞추고, 생애 임금에 대한 기대 차이를 성별 유보임금 격차의 원인으로 새롭게 발견하여 관련 문헌에 기여한다.

한편, 향후 경제활동 지속성에 대한 기대나 계획이 성별 임금 격차를 야기한다는 연구도 존재한다. 이들 연구는 대체로 지금보다 여성의 경제활동이 활발하지 않고 여성에게 가사 및 양육의 책임이 크게 지워졌던 시기의 연구들이다. 이들 연구는 인적자본 이론에 기초하는데, 여성은 남성보다 노동시장 결착도가 낮고 노동시장에 머무는 기간에 대해서도 짧게 계획하고 있기 때문에 인적자본 투자를 많이 요하지 않고 경력으로 인한 보상이 크지 않은 직업을 선택하게 된다고 설명한다. 예컨대, Sandell and Shapiro(1980)는 여성이 미래 경제활동을 이어갈 것에 대해 남성보다 부정적인 기대를 가지고 있어 현재 인적자본 투자(on-the-job training)에 소극적이고 남성보다 임금이 낮다고 설명한다.

이들 연구와 동일하게 본 연구는 미래 노동 공급에 대한 기대가 여성들의 노동시장 성과에 영향을 미칠 수 있음을 가정한다. 하지만 선행연구는 노동 공급에 대한 기대 차이가 결론적으로 야기하는 생애 노동시장 성과에서의 성별 격차를 연구한 반면, 본 연구는 미래 노동 공급에 대한 계획과 미래 임금에 대한 기대가 실현되지 않은 첫 임금, 유보임금에 미치는 영향을 분석한다.

노동시장 이행 전 형성하는 기대(belief)의 영향과 관련한 최근 논문으로는 Arcidiacono et al.(2020)가 있다. 논문은 Duke 대학 남자 졸업생을 대상으로 졸업 전에 예상하는 10년 뒤 임금 및 진로(career path, 6개의 직종 각각에 들어갈 확률)와 실현된 결과를 비교하였는데, 미래 노동시장 성과에 대한 기대(belief)와 실현된 진로 및 임금의 관계성이 높음을 발견하였다. 저자들은 향후 노동시장 성과에 대한 기대가 실현된 노동시장 성과에 대해 유의한 정보를 가짐을 보이며 같은 전공과 같은 직종을 선택하였더라도 졸업 전에 예상하는 임금이 높으면 실현 임금이 높아지는 경향을 발견하였다. Arcidiacono et al.(2020)이 졸업 전 기대 임금과 실현된 노동시장 성과 사이의 관계를 연구했다면 본 연구는 미래 임금 궤석에 대한 기대가 성별에 따라 다른 원인과 그 기대가 첫 일자리 결정에 미치는 영향을 연구한다.

마지막으로 본 연구는 모성 페널티에 관한 방대한 연구에도 기여점을 가진다. 모성 페널티를 연구한 논문들은 자녀 출산 이후 발생한 노동시장 성과의 감소분을 측정하지만 본 연구 결과는 실현되지 않은 자녀 페널티(child penalty)의 위험이 노동시장 진입 시점부터 성별 격차에 영향을 미칠 수 있음을 시사한다. 이는 자녀 페널티의 사회적 비용이 관찰되는 것보다 더 크게 발생할 수 있음을 함의한다.

제 2 장
성별 유보임금 및 첫 임금 격차

제1절 서 론

유보임금은 구직자가 받아들일 수 있는 최저 수준의 임금을 의미하고 이론적으로 직업이 없는 상태에서의 효용과 유보임금 수준에서 직업을 가졌을 때의 효용이 같아지는 지점에서 결정된다. 따라서 유보임금이 낮으면 낮은 임금의 일자리를 수락할 가능성이 증가하고, 첫 일자리에서의 성별 임금 격차는 유보임금 격차에서부터 비롯된다고 볼 수 있다.

여성 대졸자가 남성에 비해 낮은 유보임금을 형성하는 원인은 성향의 차이와 향후 노동시장 성과에 대한 기대의 차이에서 찾을 수 있다. 먼저, 일부 선행연구는 남성과 여성의 성향과 심리적 요인의 차이에 주목하여 성별 임금 격차를 분석한다. 여성은 남성보다 경쟁적인 업무 환경을 기피하고(Flory et al., 2015) 임금이나 업무보다는 관계나 가족을 더 중요하게 생각하는 경향이 있어(Fortin, 2008) 남성보다 상대적으로 적은 임금의 일자리를 더 많이 선택하는 경향이 있을 수 있다. Cortés et al.(2023)의 연구에서는 여성들이 남성보다 더 위험 회피적이고 남성은 여성보다 더 낙관적인 자기 평가를 하기 때문에 여성들은 남성보다 유보임금이 낮다고 설명한다. 또한 위험 회피적 성향으로 인해 여성은 노동시장 진입이 빠르고, 낮은 임금의 일자리도 쉽게 수락하는 경향이 있다고 논문은 설명한다.

기대의 차이에 대해 연구한 논문들은 여성이 미래 경제활동 대해 남성보다 부정적인 기대를 가지고 현재 인적자본 투자를 적게 하거나 임금이 낮은 직업을 더 쉽게 받아들인다고 설명한다(Sandell and Shapiro, 1980). 결혼과 출산의 이유로 미래 경제활동을 이어갈 기간이 짧을 것이라고 예측한다면[5] 적은 임금이어도 빠르게 일을 시작하는 것이 생애 임금을 높이는 선택이기 때문이다. Blau & Ferber(1991)의 연구는 경영학 전공 대학생을 대상으로 커리어에 대한 계획과 미래 임금에 대한 기대를 조사하였는데, 여성이 남성보다 향후 경제활동 기간에 대해 부정적으로 응답하고 임금 상승에 대한 기대가 낮았다.

제2장에서는 대졸자 직업이동 경로조사(GOMS, Graduates Occupational Mobility Survey)를 이용하여 우리나라 대학 졸업자들 사이에서도 졸업 전 유보임금의 격차가 유의하게 나타나는지 살펴보고 관련 현황들을 제시하고자 한다. 먼저 제2절에서 데이터에 대한 소개와 요약 통계를 제시하고 제3절에서는 유보임금과 첫 임금의 성별 격차가 어느 정도 나타나는지, 유보임금과 첫 임금 격차의 관계성은 유의한지 살펴보고자 한다. 추정된 분석 결과를 토대로 제4절에서 정책 시사점을 포함한 결론을 제시한다.

제2절 데이터

고용정보원에서 조사하는 대졸자 직업이동 경로조사(GOMS, Graduates Occupational Mobility Survey)는 2~3년제, 4년제, 교육대학 졸업자를 대상으로 대학 재학 동안의 일자리 준비 과정과 대학 졸업 후 노동시장 진입과 이행에 관한 다양한 정보들을 제공한다. 매년 1만 8천여 명의 표본을 추출하고 대상은 조사 연도를 기준으로 전년도 2월, 전전년도 8월 대학 졸업자이다. 조사기준일은 9월 1일로 전년도 2월 졸업생의 경우 졸업 후 1년 6개월, 전전년도 8월 졸업생의 경우 졸업 후 2년 동안 경험한 노동시장 이행에

5) 예컨대, 결혼 후 가사 관리에 집중하고 노동시장을 자발적으로 이탈할 예정이라면 향후 경제활동 기간에 대한 기대가 낮아진다.

관한 정보를 제공하게 된다. 대졸자 직업이동 경로조사는 처음 패널조사로 설계되었으나 2012년부터 횡단면 조사로 전환되었다.

본 연구에서는 첫 일자리에 대한 임금 정보를 제공하는 2013년 조사(2012년 2월, 2011년 8월 졸업생 대상)부터 2019년 조사(2018년 2월, 2017년 8월 졸업생 대상)까지 데이터를 사용하였다[6]. 졸업 당시 나이가 35세 이상인 경우는 현재 대학 졸업 전 노동시장 이행의 경험이 있었을 가능성이 높아 분석 표본에서는 제외한다.

조사 시점 경제활동 상황에 따라 응답자는 취업자 또는 비취업자로 분류되고 취업자는 현재 일자리 정보와 이직 의사를 조사한다. 비취업자는 구직활동 또는 비경제활동 상태와 희망 일자리에 대한 내용 등을 조사한다. 데이터는 현재 일자리 외에 첫 일자리와 졸업 후 가진 과거 일자리, 인턴 경험, 졸업 전 취업 목표, 취업 준비, 학교생활과 인적 사항에 관한 내용도 방대하게 제공한다. 대졸자 직업이동 경로조사에서는 첫 일자리를 그만둘 당시의 임금뿐만 아니라 첫 일자리와 현재 일자리의 초임도 조사하기 때문에 첫 일자리 성별 임금 격차를 추정하는 본 연구에 적합한 데이터이다.

분석에서 중요한 변수 중 하나인 초임 정보는 2013년 조사(2012년 2월, 2011년 8월 졸업생)부터 제공한다. 응답자는 현재 일자리에 입사했던 당시에 받았던 월평균 초임과 첫 일자리에 입사했던 당시에 받았던 월평균 초임을 응답한다. 현재 일자리가 첫 일자리인 경우 현재 일자리의 초임을, 현재 일자리가 첫 일자리 아닌 경우 첫 일자리의 초임을 응답자의 첫 임금으로 하고 해당 일자리를 처음 시작한 연도의 명목임금을 2020년 기준 실질임금으로 변환하였다.

〈표 2-1〉은 분석에 사용한 자료의 요약 통계를 보여준다. 본 장에서는 성별 유보임금 격차와 첫 임금 격차에 대해 분석을 시행하고 유보임금과 첫 임금의 관계에 대해 살펴본다. 〈표 2-1〉의 A는 유보임금 격차 분석에 사용된 최종 표본, B는 첫 임금 격차 분석에 사용된 최종 표본의 요약 통계이다. 첫 임금 정보가 누락되어 있는 경우도 있고, 졸업 후 한 번도 취업한 적이 없는 경우 첫 임금 정보가 없으므로 유보임금 분석 표본보다 첫 임금 분석 표

6) 2020년(2019년 2월, 2018년 8월 졸업생) 데이터도 있으나 2020년에는 COVID19로 인해 조사가 원활히 진행되지 않아 2019년 조사 데이터까지만 사용하였다.

본의 크기가 더 작다.

〈표 2-1〉 유보임금 및 첫 임금 격차 추정 표본 요약 통계
(A. 유보임금 격차 추정 표본 요약 통계)

	남성		여성	
	Mean	SD	Mean	SD
유보임금(연, 만 원)	2918	(1071.3)	2575	(722.0)
졸업나이	25.49	(2.0)	23.33	(1.9)
2~3년제	0.30	(0.5)	0.35	(0.5)
4년제 대학	0.70	(0.5)	0.63	(0.5)
교육대학	0.006	(0.1)	0.012	(0.1)
학점	80.31	(10.3)	82.68	(9.5)
재학기간(연)	5.94	(2.0)	3.99	(1.5)
재학중 일자리	1.10	(1.5)	1.18	(1.4)
어학연수	0.10	(0.3)	0.13	(0.3)
인문	0.06	(0.2)	0.12	(0.3)
사회	0.26	(0.4)	0.28	(0.4)
교육	0.03	(0.2)	0.09	(0.3)
공학	0.41	(0.5)	0.09	(0.3)
자연	0.10	(0.3)	0.11	(0.3)
의약	0.05	(0.2)	0.14	(0.3)
예체능	0.09	(0.3)	0.16	(0.4)
부 대졸 이상	0.41	(0.5)	0.45	(0.5)
모 대졸 이상	0.26	(0.4)	0.31	(0.5)
고소득	0.46	(0.5)	0.49	(0.5)
2011년 졸업	0.03	(0.2)	0.02	(0.1)
2012년 졸업	0.12	(0.3)	0.11	(0.3)
2013년 졸업	0.14	(0.3)	0.14	(0.3)
2014년 졸업	0.14	(0.3)	0.14	(0.3)
2015년 졸업	0.14	(0.4)	0.14	(0.4)
2016년 졸업	0.16	(0.4)	0.16	(0.4)
2017년 졸업	0.15	(0.4)	0.16	(0.4)
2018년 졸업	0.12	(0.3)	0.12	(0.3)
관측치	55,277		57,494	

〈표 2-1〉의 계속
(B. 첫 임금 격차 추정 표본 요약 통계)

	남성		여성	
	Mean	SD	Mean	SD
첫 임금(월, 만 원)	210.82	(96.6)	170.69	(73.3)
첫 직장 시작 나이	25.41	(2.1)	23.28	(2.0)
2~3년제	0.31	(0.5)	0.37	(0.5)
4년제 대학	0.68	(0.5)	0.62	(0.5)
교육대학	0.01	(0.1)	0.01	(0.1)
주당 평균근로시간	45.98	(12.5)	42.70	(12.3)
300인 이상	0.24	(0.4)	0.19	(0.4)
상용근로자	0.79	(0.4)	0.73	(0.4)
자영업	0.02	(0.2)	0.02	(0.1)
인문	0.06	(0.2)	0.12	(0.3)
사회	0.26	(0.4)	0.28	(0.4)
교육	0.03	(0.2)	0.09	(0.3)
공학	0.41	(0.5)	0.09	(0.3)
자연	0.09	(0.3)	0.10	(0.3)
의약	0.06	(0.2)	0.15	(0.4)
예체능	0.09	(0.3)	0.17	(0.4)
부 대졸 이상	0.40	(0.5)	0.44	(0.5)
모 대졸 이상	0.25	(0.4)	0.30	(0.5)
고소득	0.46	(0.5)	0.49	(0.5)
2011년 졸업	0.03	(0.2)	0.02	(0.1)
2012년 졸업	0.12	(0.3)	0.12	(0.3)
2013년 졸업	0.13	(0.3)	0.14	(0.3)
2014년 졸업	0.14	(0.3)	0.14	(0.3)
2015년 졸업	0.15	(0.4)	0.15	(0.4)
2016년 졸업	0.16	(0.4)	0.16	(0.4)
2017년 졸업	0.15	(0.4)	0.15	(0.4)
2018년 졸업	0.12	(0.3)	0.12	(0.3)
관측치	44,716		46,998	

주 : 첫 임금은 월 단위 평균 임금으로 2020년 기준 실질임금. 학점은 100점 만점으로 환산한 값임. 어학연수는 어학연수 경험 여부를 나타내는 더미변수. 부모 최종학력은 전문대졸 이상 비율을 나타냄. 고소득은 월 400만 원 이상 소득을 나타냄. 관측치를 포함하여 모든 변수는 가중치가 적용된 결과임.

자료 : 「대졸자 직업이동 경로조사」(2013~2019년 조사)를 이용하여 저자 작성.

대졸자 직업이동 경로조사는 대학 졸업 전 취업 목표를 조사하며 유보임금을 질문한다. "대학을 졸업하기 직전 받아들일 수 있는 최저 연봉"을 묻고, 창업을 생각하는 경우 최저 연평균 순수입을 응답하도록 한다. 2020년 기준 실질임금으로 변환된 유보임금의 평균은 남학생이 2,918만 원, 여학생이 2,575만 원으로 남학생이 343만 원 더 높다. 표본에서 남성의 70%, 여성의 63%가 4년제 대학 졸업생이고 남성 표본에서 4년제 대학 비중이 더 높다. 남성 중 교육대학 졸업자는 0.6%, 여성은 1.2% 수준이다.

평균 학점은 100점 만점으로 환산된 GPA인데, 남성은 80.31 여성은 82.68로 여성의 평균 학점이 더 높다. 재학기간은 남성 평균 5.94년, 여성 평균 3.99년이고 남성의 졸업 당시 나이 평균은 25.49세 여성은 23.33세이다. 남성의 경우 군복무 기간이 포함되어 있을 것이고 여성보다 남성 표본에서 4년제 대학 비중이 높기 때문에 평균 재학기간이 약 2년더 길게 나타난다. 재학 중 일자리를 가진 경험은 남성과 여성 각각 1.10개와 1.18개로 많지 않은 편이다. 어학연수 경험이 있다고 응답한 비율은 남성 10%, 여성 13%로 여성이 소폭 높다.

전공 분포를 살펴보면, 여성은 사회계열(28%), 예체능계열(16%), 의약계열(14%) 순으로 전공 선택 비중이 크고 남성은 공학계열(41%), 사회계열(26%), 자연계열(10%) 순으로 전공 선택 비중이 크다. 인문계열은 남성의 6%, 여성의 12%가 선택하여 여성 표본에서 인문계열 전공자의 비중이 더 크다. 여성의 9%가 교육계열 전공을 선택하였으나 남성의 경우 3%만 선택하였고, 반대로 공학계열에서는 남성의 41%가 선택한 빈면 여성은 9%만 공학계열 전공을 선택하였다. 전공 선택 분포에서 공학계열은 남녀 불균형이 아주 크게 나타남을 확인할 수 있다.

가족 배경 변수로 부모의 최종학력과 소득수준을 사용하였다. 부의 최종학력이 전문대졸 이상인 경우 남성은 41% 여성은 45%이고, 모의 최종학력이 전문대졸 이상인 경우는 남성 26%, 여성 31%이다. 대졸 남성 표본보다 대졸 여성 표본에서 부모의 최종학력이 대졸 이상일 가능성이 더 높다. 부모의 소득이 월 400만 원 이상인 경우 고소득으로 정의하였는데, 남성의 46% 여성의 49%가 이에 해당한다. 부모 소득은 대학을 입학할 당시의 부모 소득이고 조사에서는 100만 원 미만부터 1,000만 원 이상까지 범주에서 선택할 수 있다. 실증분석에서는 부모의 교육 수준은 6개의 범주형 변수로, 부모의 소득수준은 9개의 범주형 변수로 사용하였다. 마지막으로 졸업 연도 분포는 남녀가 거의 동일한 분포를 보인다.

다음으로 첫 임금 격차를 분석할 때 사용한 표본의 요약 통계를 살펴본다. 첫 임금은 첫 일자리에 입사했던 당시에 받았던 월평균 초임을 의미한다. 조사에서는 급여형태별(연봉, 월평균, 주당, 일당, 시간당)로 먼저 응답하고, 월평균 초임을 계산하여 함께 응답한다. 입사 당시 명목임금인 월평균 초임을 2020년 기준 실질임금으로 변환하여 사용하였다. 〈표 2-1〉의 B를 보면, 남성의 월평균 초임 평균은 210.82만 원이고 여성은 170.69만 원으로 남성의 첫 임금이 여성보다 40.13만 원 더 높다. 표본에서 4년제 대학 졸업생 비율은 남성 68%, 여성 62%이고, 남성의 평균 첫 직장 시작 나이는 25.41세 여성은 23.28세이다.

월평균 첫 임금을 연 소득으로 단순 계산하면 남성은 2,530만 원, 여성은 2,048만 원이다. 이는 각각 남성의 유보임금 2,918만 원보다 388만 원 여성의 유보임금 2,575만 원보다 527만 원 적은 수치이다. 남성보다 여성에게서 유보임금과 첫 임금의 격차가 크게 나타나는 이유는 Cortés et al.(2023)의 연구를 기초하여 생각해 볼 수 있다. 남성과 여성 모두 구직기간을 거치며 본인의 유보임금을 조정하는 학습 과정을 거치는데, 이 과정에서 유보임금이 점차 낮아진다. 남성보다 더 위험 회피 성향이 높은 여성은 남성보다 유보임금 조정 과정이 더 빠르게 나타난다. 따라서 여성의 유보임금과 첫 임금 사이의 차이가 남성보다 더 크게 나타날 수 있는 것이다.

첫 일자리에서의 주당 평균 근로시간은 남성은 46시간, 여성은 43시간으로 응답하여 남성의 근로시간이 여성보다 3시간가량 더 길게 나타났다. 이 시기 남성과 여성 모두 자녀가 있을 경우는 거의 없기 때문에 첫 일자리에서 근로시간의 차이는 가족 돌봄으로 인한 차이는 아닐 것이다. 여성이 남성보다 워라벨을 중요시하는 성향, 남녀 첫 일자리 직무 특성의 차이, 체력의 차이 등이 원인일 수 있다.

남녀 대졸자 모두 첫 일자리가 자영업인 경우는 2%로 대부분은 임금근로자로 노동시장에 이행한다. 이때 남성의 24%, 여성의 19%가 300인 이상 대규모 기업으로 이행하고, 남성의 79%, 여성의 73%가 상용직 근로자로 첫 일자리를 시작한다. 남성이 여성보다 더 양질의 일자리로 이행하는 경향이 있음을 알 수 있다. 전공 분포, 가족 배경, 졸업연도 분포는 〈표 2-1〉의 A 유보임금 표본과 비슷하다.

제3절 성별 유보임금 격차

1. 추정 방법

성별 유보임금 격차를 추정하기 위해 다양한 설명변수들을 추가하며 회귀분석을 시행하였다.

$$y_{it} = \beta_1 Female_i + X_i^{'}\beta_2 + \gamma_t + \gamma_r + \epsilon_{it} \tag{2-1}$$

좌변은 t년도에 졸업한 개인 i가 졸업 전 생각한 유보임금의 로그값이다. $Female_i$는 여성이면 1의 값을 가지는 더미변수이고 β_1은 여성의 유보임금이 남성보다 얼마나 낮은지 추정하는 추정계수이다. 설명변수(X_i)는 기본모형에서 가족 배경, 대학교 재학 당시 성과, 전공에 대한 정보들을 차례로 추가하며 살펴보았다. 기본모형은 학교 종류(2~3년제, 4년제, 교육 대학)를 포함한다. 가족 배경은 아버지와 어머니의 최종학력[7], 대학 입학 당시 부모님의 월평균 소득[8]을 포함한다. 대학교 재학 당시 성과 변수는 성적(100점 환산 학점)의 로그값, 대학 재학기간, 재학 중 일자리 경험 횟수, 어학연수 경험으로 구성된다. 마지막으로 전공은 7개의 전공계열(인문, 사회, 교육, 공학, 자연, 의약, 예체능)과 205개의 학과 소분류 두 가지 경우를 모두 고려하였다. 마지막으로 졸업 시점(γ_t)과 대학교 소재 지역[9](γ_r) 고정효과를 포함한다.

---

7) 1. 초졸 이하, 2. 중졸, 3. 고졸, 4. 전문대졸, 5. 대졸, 6. 대학원졸.

8) 0. 소득 없음, 1. 100만 원 미만, 2. 100만~200만 원 미만, 3. 200만~300만 원 미만, 4. 300만~400만 원 미만, 5. 400만~500만 원 미만, 6. 500만~700만 원 미만, 7. 700만~1,000만 원 미만, 8. 1,000만 원 이상.

9) 17개 시도 더미변수.

2. 성별 유보임금 격차

추정 결과는 〈표 2-2〉에 제시되어 있다. 첫 열은 전체 표본으로 추정한 결과이고 나머지 열은 대학 종류별로 나누어 추정한 결과이다. 교육대학은 4년제 대학 표본에 포함하였다. 전체 표본으로 추정한 기본모형의 결과를 보면 여성은 남성보다 11.5% 낮은 유보임금을 설정한다. 2~3년제 대학생(10.7%)보다 4년제 대학생(11.7%)의 성별 유보임금 격차가 1%p 더 크다. 4년제 남학생들이 2~3년제 남학생보다 평균적으로 높은 임금을 기대하기 때문으로 보인다.

부모의 최종학력과 소득 그룹을 통제하여도 유보임금 격차는 거의 변하지 않는다. 재학기간, 재학 중 성적 및 성과를 추가로 통제하면 전체 표본에서 유보임금 격차는 11.1%로 소폭 감소한다. 4년제 대학생 사이에서는 재학 중 성과가 유보임금 격차에 영향을 주지 않는 반면, 2~3년제 대학생 사이에서 유보임금 격차는 9.0%까지 감소한다.

표에 제시하지는 않았지만 모형(3)으로 추정한 전체 표본 결과에서 성적은 1% 증가할 때 유보임금이 0.07% 증가하고, 어학연수 경험이 있는 경우 유보임금이 3.5% 증가하였다. 대학 재학기간의 증가 또한 더 높은 임금을 기대하게 하는 요인이었다. 하지만 재학 중 일자리 경험 횟수는 유보임금에 부정적 영향을 미친다. 일자리 경험이 1회 증가할 때 유보임금은 0.4% 감소하였다. 이는 일자리 경험이 졸업 후 가질 직업과 관련된 경험을 축적한 것이 아니라 재학 중 소득을 목적으로 한 것이었기 때문일 수 있고, 대체로 유보임금이 실제 실현된 임금보다 높다는 사실을 생각하면 여러 일자리 경험을 통해 유보임금을 현실에 가깝게 조정할 수 있었기 때문일 수도 있다.

전공계열을 모형에 추가하면 유보임금 격차는 11.1%에서 9.7%로 감소한다. 하지만 2~3년제 표본에서는 유보임금 격차가 오히려 증가하고 4년제 대학에서 유보임금 격차가 크게 감소한다. 4년제 대학의 경우 전공 선택의 성별 분리가 유보임금 격차의 상당 부분을 설명하는 것으로 해석할 수 있다.

4년제 대학생 사이에서 전공계열을 통제하지 않았을 때 유보임금의 성별 격차는 12.1%였다. 전공계열을 통제하였을 때 유보임금 격차가 9.5%로 21.4% 감소하였고, 세부 전공까지 통제하였을 때 8.3%로 유보임금 격차가

〈표 2-2〉 성별 유보임금 격차

	전체	2~3년제	4년제
(모형 1) 기본	-0.115*** (0.002)	-0.107*** (0.003)	-0.117*** (0.002)
(모형 2)+가족 배경	-0.118*** (0.002)	-0.108*** (0.003)	-0.121*** (0.002)
(모형 3)+재학 중 성과	-0.111*** (0.002)	-0.090*** (0.004)	-0.121*** (0.002)
(모형 4)+7개 전공계열	-0.097*** (0.002)	-0.098*** (0.004)	-0.095*** (0.002)
(모형 5)+205개 세부 전공	-0.090*** (0.002)	-0.102*** (0.005)	-0.083*** (0.002)
남성 유보임금 평균	2918.43	2613.91	3048.10
관측치	112,771	26,636	86,135

주 : 각 셀은 따로 추정된 유보임금 격차($\hat{\beta}_1$)의 결과값을 제시하고, 각 행은 윗 행에 포함된 설명변수와 언급된 설명변수를 모두 포함하여 추정한 결과를 나타냄. 기본모형은 학교 종류, 졸업 코호트, 대학소재지 고정효과를 포함. 표준오차는 괄호 안에 제시하고 이분산이 교정된 강건표준오차(robust standard error) 사용.

* p〈0.10, ** p〈0.05, *** p〈0.01.

자료 : 「대졸자 직업이동 경로조사」(2013~2019년 조사)를 이용하여 저자 작성.

31.4% 감소하였다. 이는 4년제 대학에서 유보임금을 상대적으로 높게 형성하는 전공에 남학생들이 많이 있음을 의미한다.

2~3년제 대학의 경우 반대의 결과를 보인다. 즉, 전공계열과 세부 전공을 통제할 때 유보임금 격차가 오히려 증가하는 것이다. 전공 통제 전 2~3년제 대학 유보임금 성별 격차는 9.0%(모형 3)이었으나 7개 전공계열 통제 후에는 8.9% 증가한 9.8%, 세부 전공을 통제했을 때에는 13.3% 증가한 10.2%에 달한다. 이는 4년제 대학과는 달리 유보임금을 상대적으로 높게 형성하는 전공에 여학생들이 많음을 뜻한다.

3. 전공별 남녀 유보임금 격차

다음은 전공별로 성별 유보임금 격차를 추정하여 그 차이를 살펴보고, 남학생들의 평균 유보임금과의 관계를 살펴본다. 성별 유보임금 격차가 전공별로 이질적인지 비교하고, 평균적으로 남성의 유보임금이 높게 형성되는 전공과 낮게 형성되는 전공에서 성별 유보임금 격차에 차이가 있는지 관계성을 살펴보기 위함이다. 세부 전공별로 유보임금을 추정하기에는 표본 수가 충분하지 않은 전공들이 있어 여학생 더미와 전공 더미의 교차항을 이용하여 전공별 유보임금 격차를 추정하였다.

$$y = (F_i \times J_i)^{'}\beta_1 + X_i^{'}\beta_2 + J_i + \gamma_t + \gamma_r + \epsilon \qquad (2\text{-}2)$$

$(F_i \times J_i)$는 여성을 나타내는 더미변수(F_i)와 205개의 세부 전공(J_i)을 나타내는 더미변수의 교차항을 의미한다. 설명변수는 기본모형에 포함된 설명변수와 가족 배경, 재학 중 성과 변수까지 모두 포함한다. 위 추정식을 통해 세부 전공별 남녀 유보임금 격차를 추정하고, 세부 전공별로 남학생의 평균 유보임금을 계산하였다. 세부 전공별 남학생들의 유보임금 평균은 데이터의 조사연도만 통제한 평균이다. 세부 전공에 대하여 도출한 위 값들의 계열별 평균, 표준편차, 최솟값, 최댓값이 〈표 2-3〉에 제시되어 있다.

성별 유보임금 격차가 가장 큰 전공계열은 의약계열(평균 -12.1%)이고, 다음은 자연계열(평균 -10.0%)로 나타난다. 유보임금 격차는 교육계열(-7.7%)과 예체능계열(-7.8%)에서 가장 낮게 나타난다. 인문계열에 포함된 학과 중 가장 큰 성별 유보임금 격차를 보이는 학과에서는 여성의 유보임금이 남성보다 25.2% 낮고, 반대로 여성의 유보임금이 4.8% 높은 학과도 존재한다. 사회계열은 여학생들의 상대 유보임금이 인문계열 전공들과 평균적으로는 비슷하지만 분포가 크지 않음을 알 수 있다. 공학 · 자연계열은 인문 · 사회계열보다 유보임금 격차가 더 크게 나타난다. 의약계열은 성별 유보임금 격차가 최대 -48.9%까지 추정되는 학과가 있고, 격차가 가장 작은 학과도 여성의 유보임금이 남성보다 3.0% 더 낮다. 마지막으로 예체능계열에서는 유보임금 격차가 -19.9%에서 5.8%까지 나타난다.

남학생 평균 유보임금은 의약계열에서 2,881만 원으로 가장 높다. 다음으로 공학계열과 자연계열이 각각 2,674만 원, 2,645만 원으로 인문(2,573만 원), 사회(2,559만 원), 교육(2,525만 원) 계열보다 남학생들의 유보임금이 더 높게 나타난다. 예체능계열에서 전공별 남학생 유보임금 평균은 2,370만 원으로 가장 낮다. 남학생들의 유보임금이 가장 크게 나타나는 전공들의 남학생 평균 유보임금을 살펴보면(표의 최댓값에 해당) 의약계열 3,967만

〈표 2-3〉 세부 전공별 남녀 유보임금 격차와 남학생 유보임금 평균의 요약 통계

계열	변수	평균	표준편차	최솟값	최댓값	N
인문	유보임금 격차	-0.082	0.057	-0.252	0.048	29
	남성 유보임금	7.853	0.085	7.661	7.997	29
사회	유보임금 격차	-0.085	0.033	-0.158	0.007	25
	남성 유보임금	7.847	0.082	7.718	7.999	25
교육	유보임금 격차	-0.077	0.057	-0.223	0.030	22
	남성 유보임금	7.834	0.058	7.722	7.928	22
공학	유보임금 격차	-0.098	0.078	-0.339	0.079	53
	남성 유보임금	7.891	0.090	7.708	8.069	53
자연	유보임금 격차	-0.100	0.068	-0.312	-0.005	28
	남성 유보임금	7.881	0.084	7.643	8.010	28
의약	유보임금 격차	-0.121	0.119	-0.489	-0.030	13
	남성 유보임금	7.966	0.207	7.700	8.286	13
예체능	유보임금 격차	-0.078	0.048	-0.199	0.058	35
	남성 유보임금	7.771	0.083	7.402	7.887	35
전 체	유보임금 격차	-0.090	0.066	-0.489	0.079	205
	남성 유보임금	7.857	0.106	7.402	8.286	205

주 : 205개의 세부 전공에 대해 남녀 유보임금 격차와 남학생 평균 유보임금을 구하고 그 값들의 평균, 표준편차, 최솟값, 최댓값을 계열별로 도출함. 유보임금 격차가 음수인 경우 여학생의 유보임금이 낮음을 뜻함. 남성 유보임금은 로그값. N은 계열별 포함된 세부 전공의 개수를 나타냄.

자료 : 「대졸자 직업이동 경로조사」(2013~2019년 조사)를 이용하여 저자 작성.

원, 공학계열 3,194만 원, 자연계열 3,011만 원, 사회계열 2,979만 원, 인문계열 2,971만 원, 교육계열 2,773만 원, 예체능계열 2,663만 원 순이다.[10]

세부 전공별로 추성한 성별 유보임금 격차(세로축)와 전공별 남학생 평균 유보임금(가로축)의 관계를 그림으로 나타내면 [그림 2-1]과 같다. 의약계열은 남성들의 유보임금이 높고 성별 유보임금 격차는 낮은 편이다. 공학계열에서 남녀 유보임금 격차의 전공별 차이가 크게 나타난다. 여학생들이 남학생보다 유보임금 격차가 크게 추정된 학과도 8개 존재하고 앞선 결과로 미루어 보아 2~3년제 대학에서 이러한 학과가 많았을 것으로 추측해볼 수 있다.나머지 197개 학과에서는 여성보다 남성의 유보임금이 평균적으로 더 높게 나타난다.

10) 표에는 전공별 남학생 평균 유보임금의 요약 통계값이 로그값으로 제시되어 있다.

[그림 2-1] 전공별 남녀 유보임금 격차와 남학생 평균 유보임금

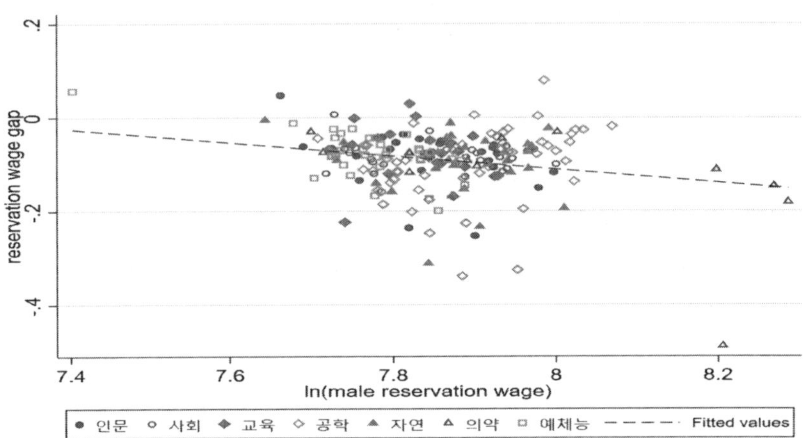

주 : 205개의 세부 전공에 대해 남녀 유보임금 격차와 남학생 평균 유보임금을 구하고 그 값들의 관계를 그래프로 그린 결과. 우하향하는 점선은 적합선(fitted line)을 나타냄.

자료 : 「대졸자 직업이동 경로조사」(2013~2019년 조사)를 이용하여 저자 작성.

[그림 2-1]을 보면 남학생의 평균 유보임금 수준이 높은 학과일수록 남녀 유보임금 격차가 크게 나타남을 알 수 있다. 이들 사이의 관계를 전공계열 더미변수를 포함하여 단순 회귀분석하여 보면 남학생의 평균 유보임금이 1% 높은 전공에서 남녀 유보임금 격차가 0.12%p 크게 나타난다.[11] 동일한 유형의 대학과 전공을 이수하였음에도 남학생들이 높은 유보임금을 형성하는 전공에서 여학생들은 그만큼 높은 임금을 기대하지 않음을 알 수 있다.

제4절 성별 첫 임금 격차

1. 성별 첫 임금 격차

성별 첫 임금 격차도 제3절의 성별 유보임금 격차와 동일한 방법으로 여

11) 남녀 유보임금 격차를 종속변수로 두고 7개 전공계열 더미를 포함한 상태에서 ln(남학생 평균 유보임금) 변수의 계수값이 -0.121(s.e. 0.049)로 추정되었다.

성 더미변수를 포함하고 설명변수들을 더해가며 추정하지만 설명변수는 첫 임금을 설명하기에 적절한 변수들로 일부 대체하였다. 기본모형은 학교 종류(2~3년제 또는 4년제)와 졸업 코호트, 대학 소재 지역 더미를 포함한다. 다음으로 가족 배경과 재학 중 성과 변수를 모두 포함한 개인 특성을 추가하였다. 개인 특성 변수는 부모님 학력, 대학 진학 시점 부모님 소득수준, 졸업 후 첫 취업까지 기간(월)과 그 제곱, 학점, 재학기간, 일자리 경험, 어학연수 경험, 205개 세부 전공 더미이다. 세 번째 모형에서는 첫 일자리 주당 평균 근로시간을 추가한다. 네 번째 모형에서는 사업체 규모12)와 종사상 지위13)를 추가한다. 마지막 모형에서는 21개의 첫 일자리 산업 대분류 더미변수를 더한다.

〈표 2-4〉의 추정 결과를 살펴보면, 기본모형에서 남성과 여성 대졸자의 첫 임금 격차는 20.5%이다. 2~3년제 대학을 졸업한 대졸자의 성별 초임 격차는 16.8%, 4년제 대학을 졸업한 대졸자의 성별 초임 격차는 22.2%로 나타

〈표 2-4〉 성별 첫 임금 격차

	전 체	2~3년제	4년제
(모형1) 기본	-0.205*** (0.004)	-0.168*** (0.006)	-0.222*** (0.004)
(모형2)+개인 특성	-0.149*** (0.005)	-0.158*** (0.009)	-0.144*** (0.005)
(모형3)+주당 근로시간	-0.109*** (0.004)	-0.127*** (0.008)	-0.100*** (0.005)
(모형5)+산업 대분류	-0.074*** (0.004)	-0.107*** (0.008)	-0.061*** (0.004)
남성 첫 임금 평균	210.82	188.83	220.72
관측치	91,714	22,817	68,897

주 : 각 셀은 따로 추정된 성별 첫 임금 격차의 결괏값을 제시하고, 각 행은 윗 행에 포함된 설명변수와 언급된 설명변수를 모두 포함하여 추정한 결과를 나타냄. 기본모형은 학교 종류, 졸업 코호트, 대학 소재지 고정효과를 포함. 표준오차는 괄호 안에 제시하고 이분산이 교정된 강건표준오차(robust standard error) 사용.
* p〈0.10, ** p〈0.05, *** p〈0.01.

자료 : 「대졸자 직업이동 경로조사」(2013~2019년 조사)를 이용하여 저자 작성.

12) 1. 1~4명, 2. 5~9명, 3. 10~29명, 4. 30~49명, 5. 50~99명, 6. 100~299명, 7. 300~499명, 8. 500~999명, 9. 1,000명 이상.

13) 1. 상용근로자, 2. 임시근로자, 3. 일용근로자, 4. 고용원이 있는 자영업자, 5. 고용원이 없는 자영업자, 6. 무급가족종사자.

나 4년제 대졸자 사이의 성별 임금 격차가 더 크게 나타남을 알 수 있다. 이는 기본모형에서 4년제 대학생의 유보임금 격차가 2~3년제 대학생의 유보임금 격차보다 컸던 것과 일맥상통하는 결과이다. 대학 종류와 졸업 코호트, 대학 소재지역만 통제한 기본모형의 결과를 비교해 보면 첫 임금 격차는 유보임금 격차(11.5%)보다 2배 가까이 더 크게 나타난다. 가족 배경과 재학 중 성과, 전공을 통제했을 때 2~3년제 대졸자들의 초임 격차는 1%p 감소하는 데 그치지만 4년제 대졸자들의 초임 격차는 22.2%에서 14.4%로 7.8%p 크게 감소한다.

성별 임금 격차의 큰 원인 중 하나로 근로시간의 격차를 들기도 한다(곽은혜 외, 2022). 남성은 여성보다 근로시간이 긴 경향이 있고, 긴 근로시간은 총소득뿐만 아니라 맡게 되는 일의 종류에도 영향을 미쳐 시간당 임금에까지 영향을 줄 수 있다. 대체로 성별 근로시간의 격차는 여성이 출산 후 크게 증가하는 경향이 있어 남녀 근로자의 근로시간 격차를 주로 견인하지만 자녀가 없는 경우에도 남성이 여성보다 길게 근로하는 경향이 있다(요약 통계 참고). 근로시간을 통제한 뒤 남녀 초임 격차는 10.9%로 모형 2 대비 26.8% 크게 감소한다. 2~3년제 대학 졸업생의 경우 12.7%(모형 2 대비 19.6%), 4년제 대학생은 10.0%(모형 2 대비 30.6%)까지 감소한다.

직업 특성(사업체 크기와 종사상 지위)을 통제할 경우 성별 초임 격차는 한 번 더 크게 감소한다. 직업 특성까지 통제하면 대졸 남녀 초임 격차는 8.5%로 감소한다. 마지막으로 종사 산업까지 통제하면 성별 초임 격차는 7.4%로 나타난다. 남성과 여성 사이 첫 임금 격차의 절반 정도는 가족 배경과 대학 재학 중 특성 차이, 그리고 근로시간 격차에서 발생한 결과이고, 기업규모, 종사상 지위, 산업 차이에 의해 발생하는 격차는 이보다는 작은 것으로 나타난다.

직업 특성과 종사 산업까지 통제했을 때에 2~3년제 대학 졸업자의 남녀 초임 격차는 10.7%, 4년제 대학 졸업자의 초임 격차는 6.1%로 추정된다. 기본모형에서 4년제 대학 졸업생 사이에서 성별 초임 격차가 더 크게 나타났던 것과는 반대로 직업 관련 특성까지 모두 통제했을 때는 2~3년제 대학 졸업생 사이에서 남성과 여성의 초임 격차가 4년제 대학 졸업생보다 4.6%p 더 크게 나타난다. 종사 산업을 통제할 때 2~3년제 대학 졸업생 사이의 초임 격차는 10.8%에서 10.7%로 거의 변화가 없지만 4년제 대학 졸업생 사이에서의 초임 격차는 7.4%에서 6.1%로 1.3%p 감소한다. 이는 성별 산업 분리

(특정 산업에 남성이 혹은 여성이 더 많이 취업하는 현상)로 인한 부정적 초임 격차가 2~3년제 대학 졸업생보다 4년제 대학 졸업생 사이에서 더 크게 나타남을 의미한다.

2. 전공별 남녀 첫 임금 격차

다음은 전공별로 남녀 첫 임금 격차를 살펴본다. 205개의 세부 전공에 대해 졸업생들의 남녀 첫 임금 격차를 구하였다. 여성을 나타내는 더미변수와 세부 전공을 나타내는 더미변수의 교차항을 포함하여 구하고, 〈표 2-4〉의 모형 2에 해당하는 통제변수를 모두 포함하였다.[14] 〈표 2-5〉는 전공별로 도

〈표 2-5〉 세부 전공별 남녀 첫 임금 격차와 남성 첫 임금 평균의 요약 통계

계열	변수	평균	표준편차	최솟값	최댓값	N
인문	첫 임금 격차	-0.178	0.108	-0.382	0.132	29
	남성 초임 평균	5.100	0.197	4.616	5.446	29
사회	첫 임금 격차	-0.166	0.087	-0.487	-0.059	25
	남성 초임 평균	5.161	0.122	4.902	5.492	25
교육	첫 임금 격차	-0.107	0.098	-0.260	0.111	22
	남성 초임 평균	5.203	0.127	4.960	5.377	22
공학	첫 임금 격차	-0.151	0.094	-0.350	0.047	53
	남성 초임 평균	5.203	0.093	4.962	5.410	53
자연	첫 임금 격차	-0.145	0.133	-0.403	0.241	28
	남성 초임 평균	5.075	0.134	4.796	5.360	28
의약	첫 임금 격차	-0.112	0.126	-0.484	0.012	13
	남성 초임 평균	5.313	0.237	4.958	5.642	13
예체능	첫 임금 격차	-0.149	0.150	-0.830	0.057	35
	남성 초임 평균	4.923	0.170	4.546	5.336	35
전 체	첫 임금 격차	-0.148	0.115	-0.830	0.241	205
	남성 초임 평균	5.125	0.183	4.546	5.642	205

주: 205개의 세부 전공에 대해 남녀 첫 임금 격차와 남성 평균 첫 임금(월)을 구하고 그 값들의 평균, 표준편차, 최솟값, 최댓값을 전공계열별로 도출함. 첫 임금 격차가 음수인 경우 여성의 첫 임금이 낮음을 뜻함. N은 계열별 포함된 세부 전공의 개수를 나타냄. 남성 초임 평균은 로그값.

자료: 「대졸자 직업이동 경로조사」(2013~2019년 조사)를 이용하여 저자 작성.

14) 대학 종류(2~3년제, 4년제, 교육대학), 졸업 코호트, 대학 소재 지역, 가족 배경(부모 최종 학력과 소득), 졸업 후 첫 직장 시작까지 기간과 그 제곱, 학점, 재학 기간, 재학 중 일자리, 어학연수 경험.

출한 남녀 첫 임금 격차와 남성 첫 임금 평균의 요약 통계 값을 전공계열별로 보여준다. 남성 첫 임금의 세부 전공별 평균은 조사연도 고정효과만 포함한 평균값이다.

결과를 살펴보면 전공별 남녀 유보임금 격차의 평균보다 첫 임금 격차의 평균이 더 크게 나타난다. 첫 임금 격차의 평균이 가장 큰 전공계열은 인문계열(17.8%)과 사회계열(16.6%)이다. 공학계열(15.1%)과 자연계열(14.5%)은 인문 · 사회계열보다는 첫 임금 격차의 전공별 평균이 작다. 교육계열은 첫 임금 격차의 평균이 가장 작다(10.7%). 앞서 유보임금의 성별 격차는 평균적으로 의약계열에서 12.1%로 가장 크게 나타났는데, 실현된 첫 임금 격차의 전공별 평균은 의약계열이 교육계열 다음으로 작게 나타났다.

전공별 남성의 첫 임금 평균을 살펴보면, 남성 첫 임금이 높은 계열은 의약계열로 학과 간 평균이 월 203만 원이다. 다음으로는 공학계열과 교육계열이 182만 원으로 첫 임금이 높다. 사회계열과 인문계열의 남성 첫 임금 평균은 각각 174만 원, 164만 원으로 공학계열보다는 낮고 자연계열(160만 원)보다는 높다. 예체능계열은 남성 첫 임금 평균의 학과 간 평균 값이 137만 원으로 가장 낮다.

[그림 2-2]는 세부 전공별 남녀 첫 임금 격차와 남성 첫 임금 평균의 관계를 보여준다. 여성의 첫 임금이 남성보다 높게 나타나는 전공은 205개 세부 전공 중 14개 전공이다. 나머지 191개 전공 졸업생 사이에서는 남성이 여성보다 첫 임금이 더 높다. 그래프를 통해서도 의약계열 전공자들이 높은 첫 임금을 받고 예체능계열 전공자들은 상대적으로 낮은 첫 임금을 받음을 확인할 수 있다. 인문계열 졸업생 첫 임금은 세부 전공별로 차이가 큰 것이 특징이다. 공학계열은 상대적으로 세부 전공 간 평균 첫 임금 격차가 작다.

[그림 2-1]의 유보임금과 마찬가지로 남성의 첫 임금 수준이 높은 전공에서 남녀 첫 임금 격차가 크게 나타난다. 7개 전공계열 더미변수를 포함하여 남성 첫 임금 평균과 성별 첫 임금 격차의 관계를 회귀분석해 보면 남성의 첫 임금 평균값이 1% 높은 전공에서 성별 첫 임금 격차가 0.30%p 크게 추정된다.[15)16)]

---

15) 종속변수를 각 세부 전공의 남녀 첫 임금 격차로 하고 설명변수를 각 세부 전공 남성 졸업생의 첫 임금(로그값) 평균으로 하였을 때 계수값이 -0.302(s.e. 0.051)

[그림 2-2] 전공별 남녀 첫 임금 격차와 남성 평균 첫 임금

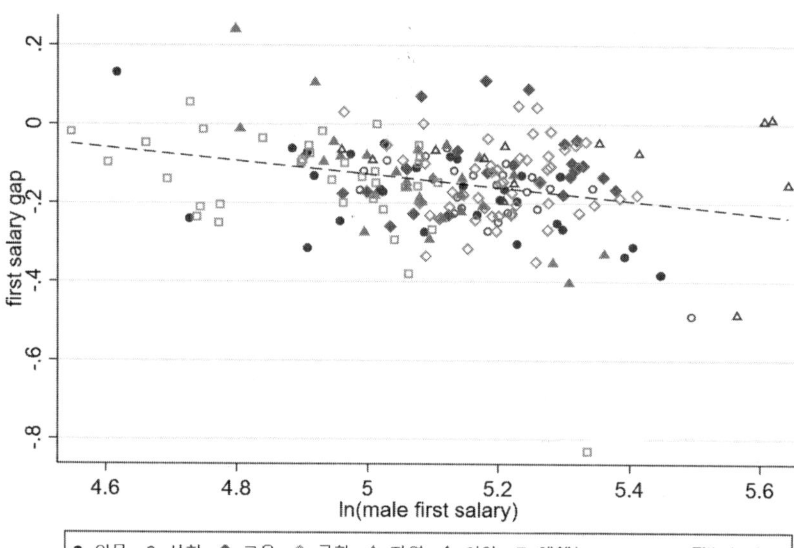

주 : 205개의 세부 전공에 대해 남녀 첫 임금 격차와 남학생 평균 첫 임금(월)을 구하고 그 값들의 관계를 그래프로 그린 결과. 우하향하는 점선은 적합선(fitted line)을 나타냄.
자료 : 「대졸자 직업이동 경로조사」(2013~2019년 조사)를 이용하여 저자 작성.

3. 성별 첫 임금 격차와 유보임금 격차의 관계

마지막으로 첫 임금과 유보임금 사이의 관계를 살펴본다. 대졸자 직업이동 경로조사에서 질문하는 유보임금은 대학 졸업 직전 생각하는 유보임금이고 첫 임금은 첫 일자리에서 실제 받은 초임이다. 유보임금이 높으면 첫 임금이 높아질 것이므로 두 변수의 관계성은 쉽게 예측 가능하다. 하지만 취업 과정에서 정보가 더 생기거나 첫 일자리 구직기간이 증가하면 유보임금은 조정될 수 있다. 따라서 대학 졸업 직전의 유보임금과 실현된 첫 임금 사이에는 격차가 발생할 것인데, 남성과 여성 대졸자를 나누어 실현된 초임과 대학 졸업 직전 유보임금의 관계를 살펴보고자 한다.

로 추정됨.

16) 전공별로 성별 첫 임금 격차를 추정할 때 근로시간은 포함하지 않았지만 근로시간을 포함하더라도 위 결과들에 큰 변화는 없었다.

먼저 남성과 여성 표본을 나누어 초임과 유보임금 정보가 모두 있는 표본으로 한정하고, 조사연도만 통제한 상태에서 세부 전공별 초임과 유보임금의 평균을 남녀 각각 추정하였다. 초임은 월 단위 임금을 조사하고 유보임금은 연봉으로 응답하기 때문에 초임에 12를 곱하여 두 변수를 모두 연 단위 임금으로 맞추고 로그값을 취하여 추정하였다.

[그림 2-3]을 보면 남성과 여성 모두 유보임금 평균이 높은 전공이 첫 임금 평균도 높은 것을 알 수 있다. 그림에는 표시되지 않았지만 45도선을 그어보면 거의 모든 전공에서 대학 졸업 전 유보임금의 평균이 실현된 첫 임금보다 높다. 대학 졸업 전에는 노동시장에 대해 남녀 모두 더 낙관적으로 인식하고, 개인의 역량을 더 높게 평가했을 수 있다.

실현된 첫 임금을 종속변수로 하고 유보임금을 설명변수로 하여 7개 전공계열을 통제한 상태에서 회귀분석을 해보면 남성의 경우 유보임금 평균이 1% 높은 전공에서 초임이 0.88% 높게 나타나고 여성은 유보임금 평균이 1% 높은 전공에서 초임이 0.99% 높게 나타난다.

[그림 2-3] 세부 전공별 남녀 첫 임금과 유보임금

(A. 세부 전공별 남성 첫 임금과 유보임금)

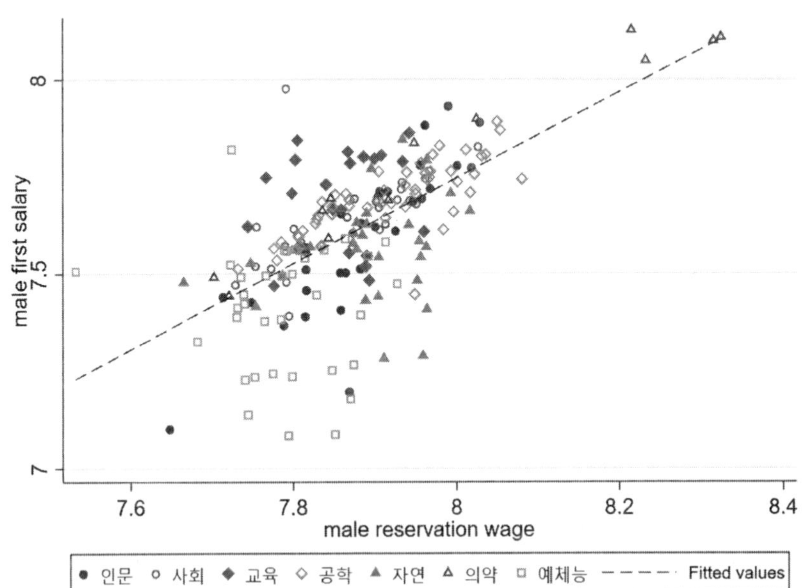

[그림 2-3]의 계속
(B. 세부 전공별 여성 첫 임금과 유보임금)

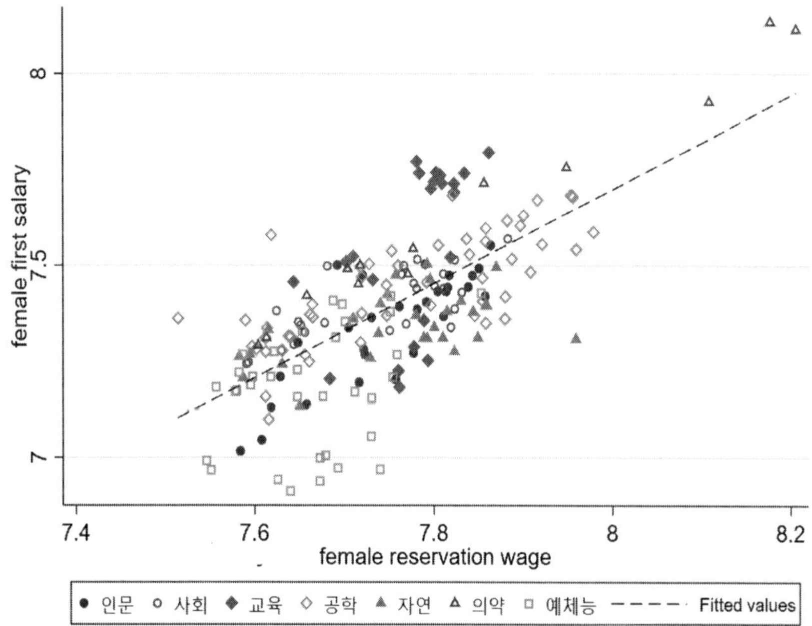

주 : 205개의 세부 전공에 대해 남성과 여성 각각 평균 첫 임금과 평균 유보임금을 구하고 그 관계를 그림. 첫 임금은 월 단위 임금에 12를 곱하여 연 단위 임금으로 조정. 2020년 기준 실질임금이고 모두 로그값을 취함. 점선은 적합선(fitted line)을 나타냄.
자료 : 「대졸자 직업이동 경로조사」(2013~2019년 조사)를 이용하여 저자 작성.

[그림 2-4]는 세부 전공별로 구한 남녀 유보임금 격차와 남녀 초임 격차의 관계를 그린 그래프이다. 가로축은 남녀 유보임금 격차, 세로축은 남녀 첫 임금 격차를 나타낸다. 세부 전공별 남녀 유보임금 격차와 첫 임금 격차는 제3절과 제4절 [그림 2-1]과 [그림 2-2]에서 사용한 값과 같다. 둘 사이의 관계를 살펴보면 남녀 유보임금 격차가 큰 전공에서 남녀 초임 격차도 크게 나타남을 알 수 있다.

세부 전공별 남녀 첫 임금 격차를 종속변수로 하고 7개의 전공계열을 통제한 뒤 남녀 유보임금 격차를 설명변수로 하여 회귀분석하여 보면 성별 유보임금 격차가 1%p 큰 전공에서 성별 첫 임금 격차는 0.54%p 더 큰 것으로 나타난다.

[그림 2-4] 세부 전공별 남녀 첫 임금 격차와 유보임금 격차

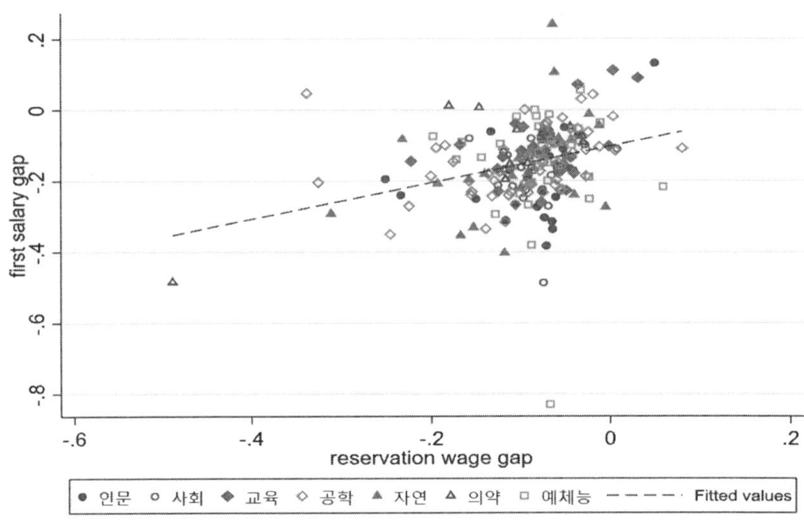

주 : 205개의 세부 전공에 대해 남녀 유보임금 격차와 첫 임금 격차를 추정하고 그 관계를 그림. 세부 전공별 남녀 임금 격차 추정 방법은 본문 참고. 음의 값은 여성이 남성보다 낮은 유보임금(초임)을 응답했음을 뜻함. 점선은 적합선(fitted line)을 나타냄.

자료 : 「대졸자 직업이동 경로조사」(2013~2019년 조사)를 이용하여 저자 작성.

〈표 2-6〉 모형에 따른 통제변수 목록

모형 1	졸업 후 첫 입사까지 기간과 그 기간의 제곱 학교 종류(2~3년제 또는 4년제) 부모 최종 학력과 소득 학점, 재학기간, 재학 중 일자리, 어학연수, 세부 전공(205개) 주당 평균 근로시간 졸업 코호트, 대학 소재 지역 고정효과
모형 2	모형 1+ 사업체 규모(1. 1~4명, 2. 5~9명, 3. 10~29명, 4. 30~49명, 5. 50~99명, 6. 100~299명, 7. 300~499명, 8. 500~999명, 9. 1,000명 이상) 종사상 지위(1. 상용근로자, 2. 임시근로자, 3. 일용근로자, 4. 고용원이 있는 자영업자, 5. 고용원이 없는 자영업자, 6. 무급가족종사자)
모형 3	모형 2+ 산업 대분류

같은 맥락에서 개인 단위에서 대학 졸업 전 유보임금과 첫 임금 사이의 관계를 살펴볼 수 있을 것이다. 남성과 여성을 구분하여 유보임금을 높게 형

성할 때 실현된 첫 임금이 얼마나 영향을 받는지 회귀분석을 통해 추정해 보았다. 앞서 설명한 것과 동일한 방식으로 첫 임금의 로그값을 종속변수로 하고 설명변수로는 유보임금의 로그값에 개인, 학교, 직업 특성 변수들을 추가하며 유보임금이 증가할 때 실현된 첫 임금 증가 정도를 살펴본다. 결과는 인과적 관계가 아닌 상관관계로 해석되어야 함을 미리 밝힌다.

〈표 2-7〉에 나타난 결과를 살펴보면 유보임금이 높은 경우 첫 일자리 임금도 높아지는 강한 상관관계를 볼 수 있다. 이는 Duke 대학 졸업생을 대상으로 미래 임금에 대한 기댓값과 실현된 임금 사이에 유의한 관계가 있음을 보인 Arcidiacono et al.(2020)의 결과와 동일하다[17]. 직업 특성을 통제하지 않은 모형 1에서 남성의 경우 유보임금이 10% 높은 경우 첫 일자리 임금은 3.37% 높고 여성은 2.22% 높다. 일자리 특성을 통제할 경우 유보임금의 계수 추정치는 남녀 각각 0.270, 0.179로 작아지고, 첫 일자리 종사 산업을 통

〈표 2-7〉 유보임금과 실현된 첫 임금의 관계

종속변수 : ln(첫 임금)	모형 1	모형 2	모형 3
A. 남성			
ln(유보임금)	0.337*** (0.011)	0.270*** (0.010)	(0.010)
남성 초임 평균	210.907	210.907	210.907
관측치	44,466	44,466	44,466
B. 여성			
ln(유보임금)	0.222*** (0.011)	0.179*** (0.010)	0.163*** (0.010)
여성 초임 평균	170.763	170.763	170.763
관측치	46,686	46,686	46,686

주 : 각 셀은 따로 추정된 회귀분석의 결과를 제시하고, 각 모형에 포함된 설명변수는 〈표 2-6〉에 제시함. 남성(여성) 초임 평균은 회귀분석에 사용된 표본의 초임 평균을 나타냄. 임금변수는 모두 2020년 기준 실질임금. 표준오차는 괄호 안에 제시하고 이분산이 교정된 강건표준오차(robust standard error) 사용.
* p〈0.10, ** p〈0.05, *** p〈0.01.
자료 : 「대졸자 직업이동 경로조사」(2013~2019년 조사)를 이용하여 저자 작성.

17) Arcidiacono et al.(2020)은 81명의 Duke대학교 졸업생을 대상으로 졸업 후 10년 뒤 받을 것으로 기대하는 임금과 졸업 후 7년 뒤 실현된 임금 사이의 관계를 6개의 전공과 6개의 직종만 포함하여 회귀분석하였는데, 기대 임금이 10% 높을 때 실현된 임금은 4.23% 높아짐을 발견하였다.

제하면 0.241, 0.163까지 작아진다. 변수를 추가하며 발견한 편향(bias)의 부호를 통해 유추할 수 있는 사실은 대학 졸업 전 유보임금이 높은 사람은 높은 임금의 산업으로 이행할 가능성이 높고, 높은 임금과 관련된 일자리 특성을 가질 확률이 높아진다는 것이다.

유보임금과 첫 임금 사이의 관련성은 여성보다는 남성에게서 더 높게 나타난다. Cortés et al.(2023)에 따르면 구직기간에 따라 구직자들은 유보임금을 낮추며 실제 임금과 가깝게 조절하는데, 그 속도가 여성이 남성보다 빠르다. 이는 저자들이 설명하는 여성들의 위험 회피적 성향과 남성들의 낙관적인 자기 평가에 기인한 결과일 수 있다. 남성보다 빠르게 유보임금을 낮추는 여성들의 성향은 여성들로 하여금 더 낮은 임금의 일자리에 들어갈 확률을 높인다. 그렇다면 처음 설정한 유보임금(표 2-7의 설명변수)과 실현된 첫 임금 사이의 관계는 남성보다 여성에게서 더 약하게 나타날 것이다.

제5절 소 결

본 장에서는 대졸자 직업이동 경로조사(GOMS, Graduates Occupational Mobility Survey)를 이용하여 2011년부터 2018년까지 대학 졸업생의 성별 유보임금 격차, 성별 첫 임금 격차, 유보임금과 첫 임금 사이의 관계를 살펴보았다. 본 장은 기본적인 분석을 통하여 대졸자 사이에서 관찰되는 정형화된 사실들을 정리하고 일부 새로운 사실들을 발견하였다는 점에서 분석의 의의를 가진다. 제2장의 마지막 절에서는 이 사실들로부터 문제의식을 도출하고 정책 시사점을 제시하고자 한다.

유보임금에 영향을 미칠 수 있는 인적 특성, 재학 중 성과, 205개의 세부 전공을 모두 통제한 뒤에도 대졸 여성의 졸업 전 유보임금은 남성보다 9.0% 낮다. 성별 유보임금 격차는 2~3년제 대학 졸업생 사이에서 10.2%, 교육대학을 포함한 4년제 대학 졸업생 사이에서 8.3%로 나타났다. 마찬가지로 인적 특성, 재학 중 성과, 세부 전공, 근로시간을 포함한 일자리 특성을 모두 통제한 뒤에도 대졸 여성은 남성보다 7.4% 더 낮은 첫 임금을 받았다. 2~3

년제 졸업생의 성별 첫 임금 격차는 10.7%, 교육대학을 포함한 4년제 대학 졸업생의 성별 첫 임금 격차는 6.1%로 추정되었다.

남녀 모두 대학 졸업 전 유보임금과 실현된 첫 임금은 강한 양의 상관관계를 보였다. 개인의 유보임금이 10% 높을 때 실현된 첫 임금은 남성이 2.41%, 여성이 1.63% 더 높아졌다. 유보임금 증가율보다 실현된 첫 임금의 증가율이 더 낮은 이유는 구직 경험을 거치며 구직자들이 현실에 맞는 수준으로 유보임금을 조정하기 때문이다.

흥미로운 사실은 유보임금과 첫 임금 사이의 관련성이 남성보다는 여성에게서 더 낮게 나타난다는 점이다. Cortés et al.(2023)에 따르면 구직기간이 길어짐에 따라 구직자들은 유보임금을 낮추며 실제 임금과 유보임금을 가깝게 조절하는 학습 경험을 거치는데, 그 속도가 여성이 남성보다 빠르다고 한다. 저자들은 이를 여성들의 위험 회피적 성향과 남성들의 낙관적인 자기 평가에 기인한 결과로 해석한다. 남성보다 빠르게 유보임금을 낮추는 성향은 여성들로 하여금 더 낮은 임금의 일자리에 들어갈 확률을 높이고 노동시장 이행 속도를 높인다. 본 연구에서도 졸업 전 설정한 유보임금과 실현된 첫 임금 사이의 상관관계가 여성에게서 더 낮게 나타나는 이유를 동일하게 해석할 수 있을 것이다.

어떤 이유에서든 여성은 남성보다 노동시장 이행 전부터 낮은 일자리 기준을 설정하고, 이는 첫 일자리 결정에 영향을 미친다. 나아가 여성들은 구직 경험을 거치며 유보임금을 남성보다 빠르게 조절하는 경향이 있는 것으로 보인다. 또한 분석과정에서 변수를 추가하며 발견한 편향(bias)의 부호를 통해 대학 졸업 전 유보임금이 높은 사람은 높은 임금의 산업으로 이행할 가능성이 높고, 높은 임금과 관련된 일자리 특성을 가질 확률이 높다는 사실도 확인할 수 있었다. 미래 임금과 경력에 대한 기대와 예측이 실현된 일자리 특성과 높은 상관관계를 보인다는 사실은 Arcidiacono et al.(2020)의 연구에서도 확인된 바 있다.

노동시장 진입 이전 향후 노동시장 성과에 대한 기대가 첫 일자리 질에 영향을 미친다는 사실은 청년들이 인식하는 노동시장 성과에 대한 기대가 실현되는 미래 소득에 장기적 영향을 줄 수 있음을 함의한다. 첫 일자리의 영향은 낙인효과나 인적자본 축적을 통해 장기간 지속되기 때문이다(Kahn,

2010). 특히 높은 교육 수준에도 불구하고 여성이 방어적으로 고용의 질을 낮추는 경향은 그 원인을 파악하고 정책 개입을 통해 개선이 가능한 영역이 있는지 판단할 수 있도록 더 많은 연구가 필요할 것이다.

또한 대학 재학기간과 구직기간 동안 여성이 본인의 인적자본에 맞는 적절한 기대와 기준을 형성할 수 있도록 경력 탐색을 돕는 멘토링 또는 컨설팅이 필요하다. 현재 청년층의 고용 촉진을 위해 대학 재학 시기부터 진로 역량을 강화하고 취업 활동 계획 수립을 돕는 선제적 고용서비스를 제공하고 있다. 이 서비스가 단순히 일관된 정보를 주는 서비스에서 나아가 청년 개인이 역량에 맞는 취업 목표를 설정하고 필요한 훈련을 받을 수 있도록 연계하는 개별화된 서비스로 발전되어야 할 것이다.

제3장
성별 임금 증가율 격차와 첫 임금 격차

제1절 서 론

여성들은 동일한 연령대의 남성들보다 향후 일자리에서 적은 경력을 가지고 적은 노동력을 투입할 가능성이 높다. 전통적인 Mincer 소득 함수(Mincer earnings function)는 임금이 인적자본(학력)과 경력의 영향을 받는다고 설명하고, Becker(1985)에 따르면 생산성 및 성과(논문에서는 노력, effort로 표현)가 임금에 영향을 미칠 수 있다. 따라서 동일한 교육 수준을 마쳤더라도 여성이 남성보다 특정 연령대에 짧은 경력을 가졌거나 직장에서 낮은 성과를 보인다면 여성의 생애 임금 증가 속도는 남성보다 느릴 것이다.

여성이 남성보다 적은 경력을 가지거나 낮은 성과를 보이는 원인을 선행연구에 비추어 생각해보면 출산과 자녀 양육으로 인한 노동공급 감소(Angelov et al., 2016; Kahn et al, 2014; Kleven et al., 2019; Markussen and Strøm, 2022; Miller, 2011 등)와 비금전적 가치에 대한 높은 선호(Flory et al., 2015; Fortin, 2008)를 생각할 수 있다.

자녀 페널티(child penalty)의 위험 또는 성향의 차이를 반영하여 노동시장 진입 전 여성이 남성보다 향후 일자리에서 낮은 성과를 예상한다면 여성들은 이에 대한 임금 페널티가 적은 직업을 선호할 것이다. 예컨대, 장시간 근로에 대해 임금 프리미엄이 크게 주어지는 직종은 짧은 근로시간을 투입할 때 임금 페널티가 클 것으로 예상할 수 있고, 기술과 트렌드 변화가 빠른 직업은 출산 후 경력단절과 인적자본 마모의 위험이 클 것으로 예상할 수 있다. 안정적인 임금 상승을 기대할 수 있는 남성과 달리 여성은 미래 임금이 안정적으로 상승하는 직업에 대해 낮은 유보임금을 형성할 가능성이 있다. 경력 초기 임금이 낮더라도 향후 임금이 안정적으로 상승할 가능성이 높다면 낮은 성과의 위험을 반영한 기대 생애 임금이 높아질 것이기 때문이다.

이번 장에서는 고용형태별 근로실태조사와 대졸자 직업이동 경로조사를 이용하여 이를 뒷받침할 실증 근거를 찾아본다. 구체적으로 연령에 따라 여성의 임금이 안정적으로 증가할 것이라는 기대가 대졸 여성의 경력 초기 임금(남성 대비 상대임금)에 영향을 미치는지 분석하고자 한다.

여성 임금 상승률이 안정적인 산업은 여성과 남성의 생애 임금 궤적이 비슷한 모양을 보일 것이다. 여성들이 안정적인 임금 상승에 대한 선호가 있다면 생애 임금 궤적의 성별 격차가 적은 산업에 대해서는 노동시장 진입 시점 그 산업에서 평균적으로 기대하는 임금보다 더 낮은 수준의 임금을 받더라도 진입을 희망할 수 있다. 따라서 이러한 산업에 대해서는 여성의 임금 증가율이 남성의 임금 증가율과 큰 차이를 보이는 산업에서보다 첫 임금의 성별 격차가 더 크게 나타날 수 있다.

예컨대, 대체로 결혼과 첫 출산이 30대에 이루어지기 때문에 여성의 경우 30대를 거치면서 경력단절과 근로시간 단축 및 소득 감소의 위험이 가장 크게 나타난다. [그림 1-1]에서 보인 것과 같이 가족 형성이 이루어지는 30대를 거치면서 동일 산업에 종사하는 남성에 비해 여성의 임금 상승률은 크게 낮아진다. 본 장에서 검증하고자 하는 것은 산업별로 남성과 여성의 임금 궤적의 격차가 다르고, 여성의 임금 궤적이 남성과 가까운 모습을 보이는 산업일수록 성별 첫 임금 격차가 커지는가이다. 연령에 따른 임금 상승의 안정성이 높은 산업에 진입하는 여성들은 초임이 낮은 일자리도 받아들여 동일 산업에 진입하는 남성들과 초임 격차가 크게 나타날 수 있다는 것이다. 그 관계성이 데이터에서 확인되는지 이번 장에서 살펴보고자 한다.

본 장의 구성은 다음과 같다. 먼저 제2절에서는 실증분석 모형을 설명한다. 제3절에서는 모형을 추정할 데이터를 소개하고, 제4절에서는 산업별로 연령에 따른 남녀 임금 궤적의 격차가 얼마나 다르게 나타나는지 제시하고 제2절에서 설명한 모형의 추정 결과를 제시한다. 마지막으로 제5절에서는 연구 결과의 요약과 함께 결과를 바탕으로 정책 함의를 도출한다.

제2절 실증분석 모형

1. 추정식

성별 임금 궤적의 격차가 여성과 남성의 첫 임금 격차와 관련이 있는지 추정하기 위해 아래의 분석 모형을 고려한다.

$$y_{jt} = \beta_0 + \beta_1 E(\Delta g_{jt}) + \beta_2 X_{jt} + \gamma_t + \epsilon_{jt} \qquad (3\text{-}1)$$

하첨자 j는 산업, t는 대학 졸업 연도를 나타낸다. y_{jt}는 j산업에 첫 취업한 t년도 대학 졸업자들의 성별 첫 임금 격차를 나타낸다. 성별 첫 임금 격차는 남성 초임 대비 여성의 상대 초임으로 음의 값은 여성이 남성보다 평균적으로 낮은 초임을 받음을 의미한다. 0에 가까울수록 여성과 남성의 임금 격차가 작다는 의미이다.

$E(\Delta g_{jt})$는 t년도에 대학을 졸업하는 여성이 예측할 수 있는 j산업에서의 성별 임금 궤적의 격차이다. 본 연구에서 제시하는 메커니즘에 따르면 j 산업에서 예상되는 여성의 임금 상승률이 남성과 가까울수록 여성은 낮은 초임을 받아들일 유인이 있다. 그렇다면 예상되는 생애 임금 궤적의 성별 격차가 작은 산업에서 여성과 남성의 첫 임금 격차가 크게 나타날 것이다. $E(\Delta g_{jt})$는 여성 근로자의 예상 임금 증가율에서 남성 근로자의 예상 임금 증가율을 뺀 값으로 정의한다. $E(\Delta g_{jt})$의 증가는 여성의 임금 궤적이 남성의 임금 궤적과 가까워짐을 의미하고, 본 연구에서 제시하는 메커니즘이 맞다면 $E(\Delta g_{jt})$이 증가할 때 여성의 첫 임금이 낮아져 $\hat{\beta}_1$은 음수로 추정될 것이다.

X_{jt}는 졸업 시점 t에 관찰되는 j산업의 특성 변수들로, 제조업 여부, 서비스업 여부, 전체 근로자 중 대졸자 비율, 대졸 근로자 수(로그값), 대졸 근로자 중 여성 근로자 비중, 대졸 남성 근로자 평균 근로시간, 대졸 여성 근로자 평균 근로시간, 25~29세 대졸 남성 근로자 평균 임금(로그값), 25~29세 대졸 여성 근로자 평균 임금(로그값)을 포함한다. γ_t는 졸업 연도(졸업 코호트) 고정효과를 나타낸다. 표준오차는 산업 중분류 단위의 군집 표준오차이다.

종속변수인 산업별 첫 임금 격차(y_{jt})와 임금 증가율의 예상 격차($E(\Delta g_{jt})$)는 아래와 같이 추정하였다.

2. 산업별 첫 임금 격차, y_{jt}

산업별 첫 임금 격차는 대졸자 직업이동 경로조사(GOMS, Graduates Occupational Mobility Survey)를 이용하여 추정하였다. 졸업 코호트별로 식 (3-2)와 같이 여성과 산업 더미 교차항을 넣어 산업별 남녀 초임 격차를 추정한다.

$$\ln(w_{ij}^{1st}) = y_j\{female_i \times D_j\} + D_j + X_i^{'}\gamma + \mu_t + \mu_r + \epsilon_{ij} \qquad (3\text{-}2)$$

종속변수는 개인 i의 첫 일자리 첫 임금의 로그값이다. D_j는 j 산업을 나타내는 더미변수이다(산업 중분류, 2-digit level). X_i는 재학기간과 그 제곱, 학교 유형(2년제 또는 4년제)을 포함하는 개인 특성 변수이다. μ_t는 2월 졸업 또는 8월 졸업인지 나타내는 더미변수이고, μ_r은 대학 소재 지역 고정효과(17개 시도)이다.

3. 산업별 예상 임금 궤적 격차, $E(\Delta g_{jt})$

노동시장 이행을 앞둔 대학 졸업 예정자는 본인이 미래 경험할 수 있는 생애 임금 궤적을 산업 종사자의 연령별 임금 상태를 통해 추측할 수 있다. t년도 졸업 코호트는 최근 2년($t-1$, $t-2$)의 노동시장 상황을 졸업 시점에 고려한다고 가정한다. 예컨대, 만약 여성에게 자녀 페널티(child penalty)가 크게 나타나는 산업이라면 평균적으로 출산과 육아가 집중되는 30대를 거치면서 여성의 임금 궤적이 남성의 임금 궤적과 차이가 크게 나타날 것으로 예상할 수 있다.

이해를 돕기 위해 [그림 3-1]을 참고한다. [그림 3-1]은 고용형태별 근로실태조사 2009년과 2019년 데이터를 사용하여 남성과 여성 각각의 연령별 임금 궤적을 그린 것이다.18) 근로자의 연령을 25세부터 49세까지 5개 그룹(① 25~29세, ② 30~34세, ③ 35~39세, ④ 40~44세, ⑤ 45~49세)으로 나누고 나이 그룹 더미변수(하첨자 a), 학력 더미변수(전문대, 4년제, 대학원 이상, edu_i), 중분류 단위 산업(하첨자 k) 고정효과를 포함하여 25~29세 대비 각 연령대 근로자의 임금 변화 정도를 남녀 따로 추정하였다. 임금은 2020년 기준 실질 월임금의 로그값이다.

$$\ln(w_{ika}) = \beta_a \sum_{a=2}^{5} I(age_i \in a) + \gamma edu_i + \lambda_k + \epsilon \qquad (3\text{-}3)$$

[그림 3-1] 연령에 따른 남녀 임금 궤적 격차(2009년과 2019년)
(A. 연령에 따른 남녀 임금 궤적 격차(2009년))

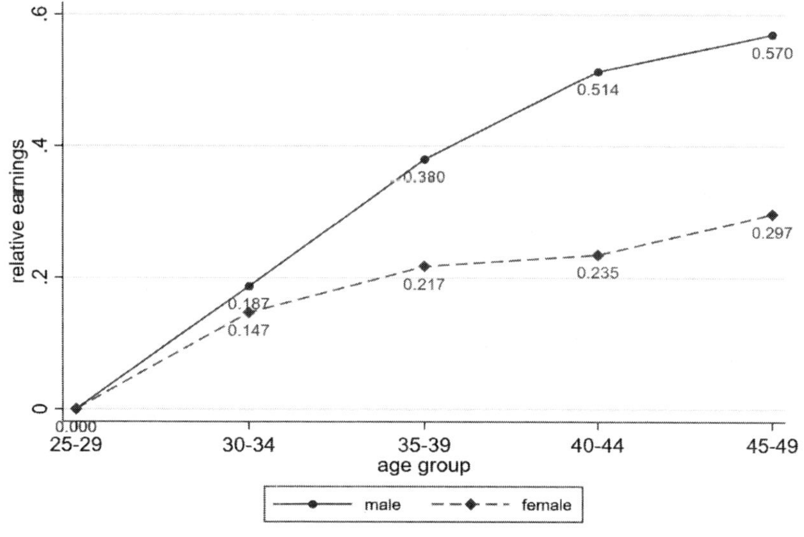

18) 데이터에 대한 자세한 설명은 다음 절에 제시한다.

[그림 3-1]의 계속
(B. 연령에 따른 남녀 임금 궤적 격차(2019년))

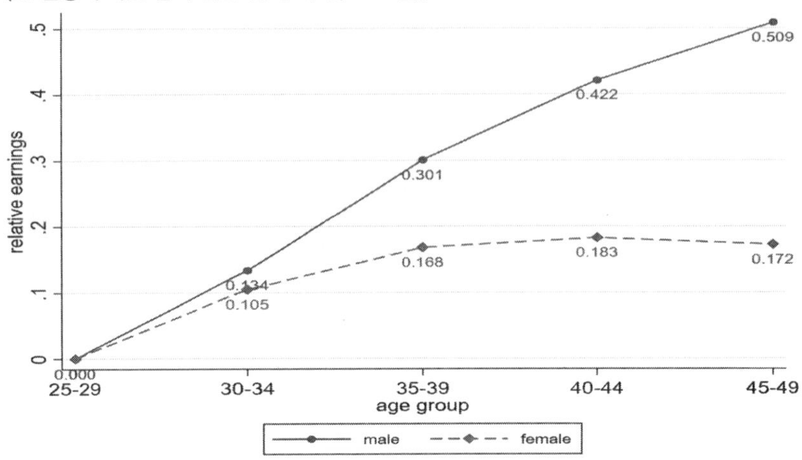

자료 :「고용형태별 근로실태조사」(2009, 2019년)를 이용하여 저자 작성.

2009년 남성 임금(월 근로소득) 궤적을 보면, 25~29세 근로자의 평균 임금 대비 30~34세 남성 근로자의 임금은 18.7% 더 높다. 연령에 따라 임금은 상승하는데, 30대 후반 남성 근로자의 임금은 20대 후반보다 38% 높고 30대에 가장 큰 임금 상승률을 보인다. 40대 초반과 후반 남성 근로자의 임금은 20대 후반 남성 근로자 임금보다 각각 51.4%, 57% 더 높다.

2009년 여성의 연령에 따른 임금 변화를 살펴보면, 20대 후반에 비해 30대 초반 여성 근로자의 임금은 14.7% 높고, 20대와 30대 초반 근로자의 임금 차이에는 성별 격차가 두드러지지 않는다. 35-39세 여성 근로자 평균 임금은 25~29세 여성 근로자 평균 임금보다 21.7% 높다. 40대 여성 근로자의 평균 임금은 20대 후반 근로자보다 23.5~29.7% 높은 수준이다.

남성 근로자의 임금이 30대 후반부터 40대까지 크게 상승하는 것과 달리 여성 근로자의 임금은 연령에 따른 변화가 남성보다 현저히 작다. 20대 후반의 평균 임금도 남성이 더 높지만 이때의 임금이 동일하다고 하더라도 성별 임금 격차는 30대를 거치며 점점 더 커지고 고착화됨을 알 수 있다.

동일한 방법으로 2019년 데이터를 사용하여 추정한 결과를 살펴보면, 남성과 여성의 연령에 따른 임금 상승률은 2009년보다 감소하였다. 남성의 경우, 25~29세 남성 근로자 평균 임금보다 30~34세 남성 근로자 평균 임금은

13.4% 높고, 35~39세 남성 근로자 평균 임금은 30.1% 높다. 40대 남성 근로자의 평균 임금은 20대 후반보다 42.2~50.9% 높다. 추정치의 값은 작아졌지만 연령이 높아질수록 임금이 상승하고, 30대에 임금 상승률이 가장 가파른 현상은 2009년과 동일하게 나타난다.

여성 근로자의 경우 2009년과 동일하게 40대 후반으로 갈수록 임금 상승률이 감소하는 것을 볼 수 있다. 20대 후반 여성 근로자 평균 임금에 비해 40대 초반 여성 근로자의 평균 임금은 18.3% 높고, 40대 후반 여성 근로자의 평균 임금은 17.2% 높다. 2009년과 비교할 때 연령에 따른 여성 근로자의 임금 상승률은 낮아졌고, 40대에는 임금 상승률이 감소하는 현상까지 볼 수 있다. 따라서 남성과 여성의 연령에 따른 임금 궤적의 격차는 더 악화되었다고 볼 수 있다.[19]

---

19) 여기서 임금 증가율의 격차가 임금의 격차를 의미하는 것은 아니다. 교육 정도와 산업 고정효과를 통제한 상태에서 25~29세 남성과 여성 임금은 2009년에 각각 1,880.3천 원, 1540.7천 원이었고, 2019년에 2,120.9천 원, 1,928.6천 원이었다. 위에서 추정한 연령별 임금 증가율을 이용하여 평균 임금을 도출해보면, 아래 표와 같다. 예컨대, 2009년 30~34세 남성 근로자의 평균 임금은 25~29세 남성 근로자 임금 1,880.3천 원에서 18.7% 증가한 2,231.4천 원이다. 여성의 임금을 남성의 임금으로 나눈 임금비를 살펴보면 모든 연령에서 2009년보다 2019년 임금비는 개선된 것을 알 수 있다. 다만 25~29세 근로자의 임금비와 45~49세 근로자의 임금비를 비교해 보면 2009년보다 2019년에 더 큰 폭으로 임금비가 낮아졌음을 알 수 있다. 이는 2019년에 25~29세 근로자 임금의 성별 격차는 크지 않아도 임금 증가율의 차이가 2009년보다 더 커져서 나타난 결과이다.

〈연령별 남녀 평균 월소득〉

(단위 : 천 원, 비율)

	2009		2019		2009	2019
	남성	여성	남성	여성	임금비	임금비
25~29세	1,880.3	1,540.7	2,120.9	1,928.6	0.819	0.909
30~34세	2,231.4	1,767.3	2,404.6	2,131.2	0.792	0.886
35~39세	2,594.7	1,875.1	2,759.2	2,252.8	0.723	0.816
40~44세	2,846.5	1,902.2	3,015.1	2,280.9	0.668	0.757
45~49세	2,952.4	1,997.6	3,200.2	2,260.9	0.677	0.706

주 : 1) 25~29세 남녀 평균 임금은 교육 정도와 산업 고정효과를 통제한 뒤의 평균 월소득을 의미함.
2) 30세 이후 연령별 평균 임금은 25~29세 평균 임금과 [그림 3-1]에 제시된 임금 상승률을 이용하여 계산.

자료 : 「고용형태별 근로실태조사」, 2009, 2019.

교육 수준을 통제했음에도 30대 후반부터 벌어지는 남녀 임금 궤적의 격차는 30~40대 남성에 비해 동일 연령대의 여성에게서 퇴직자와 재취업자 비율이 높거나, 임금 상승률이 낮은 직무로의 이동 가능성이 여성에게서 더 높음을 함의한다. 이러한 현상이 관찰된 원인은 여러 가지일 수 있지만, 연령대의 특성상 출산과 양육이 주된 이유 중 하나임은 분명해 보인다. 예컨대, 출산 후 경력단절을 경험한 여성이 일정 시간이 경과한 이후 노동시장에 재진입하였다면 이들의 임금은 동일 연령대 남성보다 낮을 것이고 이는 연령에 따른 임금 증가율을 낮춘다. 출산 후 노동시장을 이탈하지는 않았으나 근로시간을 단축하였거나 적은 임금을 받는 대신 가족 친화적 일자리로 이동하였다면 이 또한 여성 근로자의 평균 임금 증가율을 낮춘다.

실증분석을 위해 [그림 3-1]과 같은 형태의 임금 궤적을 졸업 이전 두 개 연도($t-1, t-2$) 데이터를 이용하여 산업별(중분류 단위)로 추정하였고, 40대 남녀 임금 상승률의 격차를 여성 노동시장 진입자가 평가하는 기대 임금 상승률의 안정성으로 간주하였다.

$$E(\Delta g_{jt}) = g_{jt}^{female} - g_{jt}^{male} \tag{3-4}$$

g_{jt}^{female}는 t년도 졸업 여성이 $t-1$년과 $t-2$년에 관찰한 산업 j의 20대 후반 여성 임금 대비 40대 여성 임금 증가율이다. g_{jt}^{female}와 g_{jt}^{male}는 학력(전문대, 4년제, 대학원)과 시간 $(t-1, t-2)$ 더미변수를 포함하여 산업별 각각의 회귀분석을 통해 추정하였다. 여성의 임금 궤적이 남성보다 낮기 때문에 여성의 임금 궤적이 남성의 임금 궤적과 비슷할수록 $E(\Delta g_{jt})$는 증가한다.

제3절 데이터

분석을 위해 두 데이터를 사용하였다. 대졸자 직업이동 경로조사(GOMS, Graduates Occupational Mobility Survey)를 이용하여 산업별(중분류) 여성과 남성의 초임 격차를 추정하고, 각 산업의 성별 임금 상승률과 산업 특성 변수는 고용형태별 근로실태조사를 사용하였다. 대졸자 직업이동 경로조사는 응답자의 첫 일자리 산업과 초임 정보를 제공하여 성별 초임 격차를 추정할 수 있고, 고용형태별 근로실태조사는 대졸자 직업이동 경로조사보다 큰 표본으로 산업별 특성을 도출하기에 더 적합하다.

1. 고용형태별 근로실태조사

연령대별 임금 궤적을 포함한 산업 특성 변수는 고용형태별 근로실태조사(2009~2019년)를 이용하여 구성하였다. 고용형태별 근로실태조사는 근로자의 자녀 여부에 대한 정보를 제공하지는 않지만 종사 산업을 중분류(2-digit) 단위까지 제공하고, 각 산업별 표본 수가 안정적이라는 장점이 있다.

고용형태별 근로실태조사는 매년 6월 근로자 1인 이상인 사업체를 대상으로 고용노동부에서 조사를 시행한다. 고용형태별 근로실태조사는 나이, 성별, 최종 학력과 같은 근로자 개인에 대한 정보와 근로시간, 임금, 현 직장 입사일 등 일자리 특성 정보를 제공한다. 연령에 따른 임금 궤적은 초대졸 이상 25세부터 49세까지 근로자를 대상으로 도출하였다.

〈표 3-1〉은 2009년부터 2019년까지 분석 표본의 요약 통계량을 보여준다.[20] 남성 표본의 평균 나이는 36.64세이고, 여성 표본의 평균 나이는 34.02세이다. 남성이 여성보다 대학 졸업과 노동시장 신입 연령이 약 2세 높기 때문에 근로자 평균 연령에서도 차이를 보인다. 남성이 여성보다 4년제 대학 졸업 비율이 8%p 높다. 남성 근로자 중 4년제 대학 이상 졸업 비율은 2009년 70.8%에서 2019년 75.7%로 증가하였다. 같은 기간 여성 근로자 중 4년제 대학 이상 졸업 비율은 57.6%에서 68.7%로 11.1%p 증가하였다. 어린 코호트에서 여성의 대학 진학률이 남성을 넘어서며 크게 증가했고 이

20) 〈표 3-1〉의 요약 통계는 2009~2019년까지 전체 데이터의 요약 통계를 제시하지만 추후 대졸자 직업이동 경로조사에서 추정한 산업별 첫 임금 격차와 연결하여 제2절에서 제시한 모형을 추정할 때에는 표본 구성에 맞는 연도를 매칭하여 사용하였다.

들이 노동시장에 유입됨으로 인해 여성 근로자의 4년제 대학 졸업 비율 증가율이 높게 나타난 것이다.

현 직장 근속연수는 현 직장 입사일과 조사 시점의 차이를 이용하여 구하였다. 남성은 평균 75개월, 여성은 57개월로 나타나 남성이 여성보다 현 직장 근속연수가 18개월 정도 길다. 가족 형성 시점에서 노동시장을 이탈하고 재진입하는 경험을 하는 근로자가 남성보다는 여성에게 더 많기 때문에 현 직장 근속연수에서 차이를 보일 수 있다.

300인 이상 대규모 기업에 종사하는 근로자 비율은 남성 27%, 여성 22%로 나타나 남성의 대규모 기업 종사 비율이 5%p 정도 높다. 대규모 기업 종사 비율을 연도별로 살펴보면 여성은 2009년 25%, 2014년 21%, 2019년 22%로 대체로 20% 초반 비율을 보이고 있다. 남성은 2009년 27%, 2014년 26%, 2019년 27%로 25~28%의 비율을 유지하고 있다.

2020년 기준 실질임금을 살펴보면 남성 근로자의 월평균 임금은 363만 원 수준이고 여성 근로자는 이보다 약 100만 원 적은 266만 원 수준이다. 남성과 여성 근로자의 월평균 임금은 2009년부터 2019년까지 매해 증가하였다. 2009년에서 2019년 사이 남성 임금은 3,373천 원에서 3,915천 원으로 16.1% 상승하였고, 여성 임금은 2,380천 원에서 2,946천 원으로 23.8% 상승하였다.

주당 평균 근로시간은 일평균 근로시간에 평일 근무일수 5일을 곱한 값이다. 고용형태별 근로실태조사는 6월 한 달 동안의 근로시간을 조사하는데, 해에 따라 6월 휴일 수가 다를 수 있어 월별 근로시간 대신 월 근로시간을 소정 근로일수로 나눈 일평균 근로시간을 계산하여 사용한다. 남성은 평균적으로 여성보다 평균 주당 근로시간이 약 2시간 길다. 남성의 긴 근로시간은 남성과 여성의 월소득 격차를 야기하는 원인 중 하나이다.

근로자의 종사 산업 분포를 살펴보면, 남성은 제조업, 여성은 보건업 및 사회복지 서비스업 종사 비율이 가장 높다. 남성의 31%, 여성의 26%가 해당 산업에 종사하는 것으로 나타난다. 전문, 과학 및 기술 서비스업(남성 13%, 여성 10%)과 도매 및 소매업(남성 10%, 여성 9%)은 남성과 여성 표본에서 모두 비슷한 수치로 종사 비율이 높은 산업이다. 건설업은 남성은 8%, 여성은 3%로 남성 표본에서 종사 비율이 높고, 교육 서비스업은 남성 4%, 여성

9%로 여성 표본에서 종사 비율이 높다.

〈표 3-1〉 고용형태별 근로실태조사 표본 요약 통계(2009~2019년)

	남성		여성	
	평균	표준편차	평균	표준편차
나이	36.64	(6.55)	34.02	(6.71)
초대졸 비율	0.27	(0.44)	0.35	(0.48)
대졸 비율	0.63	(0.48)	0.57	(0.49)
대학원졸 비율	0.10	(0.30)	0.07	(0.26)
현 직장 경력(개월)	75.01	(71.94)	57.49	(62.39)
월 실질임금(천 원)	3626.19	(1973.18)	2658.25	(1506.47)
주당 평균 근로시간	42.71	(6.37)	40.95	(5.21)
300인 이상 종사 비율	0.27	(0.44)	0.22	(0.42)
산업(대분류)				
농업, 임업 및 어업	0.00	(0.05)	0.00	(0.04)
제조업	0.31	(0.46)	0.12	(0.33)
전기, 가스, 증기 및 공기 조절 공급업	0.01	(0.10)	0.00	(0.05)
수도, 하수 및 폐기물 처리, 원료 재생업	0.01	(0.08)	0.00	(0.05)
건설업	0.08	(0.27)	0.03	(0.17)
도매 및 소매업	0.10	(0.31)	0.09	(0.29)
운수 및 창고업	0.04	(0.19)	0.03	(0.16)
숙박 및 음식점업	0.01	(0.12)	0.02	(0.13)
정보통신업	0.08	(0.27)	0.05	(0.23)
금융 및 보험업	0.06	(0.23)	0.07	(0.26)
부동산업	0.01	(0.10)	0.01	(0.10)
임대업	0.00	(0.06)	0.00	(0.05)
전문, 과학 및 기술 서비스업	0.13	(0.33)	0.10	(0.30)
사업시설 관리, 사업 지원 서비스업	0.05	(0.23)	0.09	(0.29)
교육 서비스업	0.04	(0.19)	0.09	(0.28)
보건업 및 사회복지 서비스업	0.04	(0.20)	0.26	(0.44)
예술, 스포츠 및 여가관련 서비스업	0.01	(0.09)	0.01	(0.11)
협회 및 단체, 수리 및 기타 개인 서비스업	0.02	(0.15)	0.02	(0.14)
표본 수	2,594,461		1,365,163	

주 : 1) 표본은 만 25세부터 49세까지 포함.
2) 임금은 2020년 기준 실질임금.

자료 : 「고용형태별 근로실태조사」, 2009~2019년.

2. 대졸자 직업이동 경로조사(Graduates Occupational Mobility Survey)

고용정보원에서 조사하는 대졸자 직업이동 경로조사(GOMS, Graduates Occupational Mobility Survey)는 2~3년제, 4년제, 교육대학 졸업자를 대상으로 대학 재학 동안의 일자리 준비 과정과 대학 졸업 후 노동시장 이행에 관한 다양한 정보들을 제공한다. 매년 1만 8천여 명의 표본을 추출하고 대상은 조사연도 기준 전년도 2월, 전전년도 8월 대학 졸업자이다. 조사기준일은 9월 1일로 전년도 2월 졸업생의 경우 졸업 후 1년 6개월, 전전년도 8월 졸업생의 경우 졸업 후 2년 동안 경험한 노동시장 이행에 관한 정보를 제공하게 된다. 대졸자 직업이동 경로조사는 처음 패널조사로 설계되었으나 2012년부터 횡단면 조사로 전환되었다.

본 연구에서는 첫 일자리에 대한 임금 정보를 제공하는 2013년 조사(2012년 2월, 2011년 8월 졸업생 대상)부터 2019년 조사(2018년 2월, 2017년 8월 졸업생 대상)까지 데이터를 사용하였다.[21] 졸업 당시 나이가 35세 이상인 경우는 현재 대학 졸업 전 노동시장 이행의 경험이 있었을 가능성이 높아 분석 표본에서는 제외하였다.

조사 시점 경제활동 상황에 따라 응답자는 취업자 또는 비취업자로 분류되고 취업자는 현재 일자리 정보와 이직 의사를 조사한다. 비취업자는 구직활동 또는 비경제활동 상태와 희망 일자리에 대한 내용 등을 조사한다. 데이터는 현재 일자리 외에 첫 일자리와 졸업 후 가진 과거 일자리, 인턴 경험, 졸업 전 취업 목표, 취업 준비, 학교생활과 인적 사항에 관한 내용도 방대하게 제공한다. 대졸자 직업이동 경로조사에서는 첫 일자리를 그만둘 당시의 임금뿐만 아니라 첫 일자리와 현재 일자리의 초임도 조사하기 때문에 첫 일자리 성별 임금 격차를 분석하는 본 연구에 적합한 데이터이다.

분석에서 중요한 변수 중 하나인 초임 정보는 2013년 조사(2012년 2월, 2011년 8월 졸업생)부터 제공한다. 응답자는 현재 일자리에 입사했던 당시

---

21) 2020년 조사(2019년 2월, 2018년 8월 졸업생) 데이터도 있으나 2020년에는 COVID19로 인해 조사가 원활히 진행되지 않아 2019년 조사 데이터까지만 사용하였다.

에 받았던 월평균 초임과 첫 일자리에 입사했던 당시에 받았던 월평균 초임을 응답한다. 현재 일자리가 첫 일자리인 경우 현재 일자리의 초임을, 현재 일자리가 첫 일자리 아닌 경우 첫 일자리의 초임을 응답자의 첫 임금으로 하고 2020년 기준 실질임금으로 변환하였다. 실질임금으로 변환할 때에는 해당 일자리를 처음 시작한 연도를 기준으로 하였다.

남성과 여성 대졸자의 첫 임금은 2016년 졸업생까지는 증감을 반복하다 2017년 졸업생부터 증가하였다. 2012년 여성 대졸자의 초임 평균은 164만 원이고, 남성 대졸자의 초임은 206만 원이었다. 2015년 여성 대졸자의 초임은 169만 원, 남성은 208만 원이었다. 2017년과 2018년 여성 대졸자의 초임은 각각 172만 원, 181만 원이었고, 남성 대졸자는 211만 원, 215만 원이었다. 연도에 관계없이 전체 평균은 여성 대졸자의 경우 169만 원 남성 대졸자의 경우 209만 원으로 남성 대졸자의 초임이 여성보다 40만 원가량 높다.

고용형태별 근로실태조사는 앞서 설명한 데이터를 GOMS 졸업 연도에 맞게 사용하였다. 〈표 3-2〉는 졸업연도와 산업 단위로 구성한 분석 표본의 요약 통계량을 보여준다. 남성과 여성의 초임 격차는 산업(2-digit) 더미변수와 여성 더미변수의 교차항과 산업(2-digit) 더미변수를 함께 넣어 산업별 초임 격차를 추정하였다. 이때, 졸업부터 첫 일자리 입사까지 구직기간과 그 제곱, 대학 종류(2~3년제 또는 4년제), 졸업 시점(2월 졸업 또는 8월 졸업), 대학 소재지역(17개 시도)을 함께 통제하였고, 졸업 연도별로 회귀분석을 시행하였다. 추정된 산업별 초임 격차의 평균은 -0.161로 기본적인 사항이 통제된 이후에도 여성 대졸자의 초임이 남성 대졸자의 초임보다 평균적으로 16.1% 낮은 것으로 나타났다. 2012년 졸업생들의 초임 격차 평균은 -0.183, 2018년 졸업생들의 초임 격차 평균은 -0.112로 졸업 코호트에 따라 초임 격차가 다소 개선되는 모습을 보인다.

남성과 여성의 산업별 40대 때 임금 증가율은 25~29세 임금 대비 증가율이며 졸업 전 2년 동안의 데이터를 이용하여 추정한 결과이다. 예컨대, 2018년 졸업생은 2017년과 2016년의 노동시장 상황을 반영했다고 가정한다. 앞서 그래프에서 확인했던 것과 같이 여성은 남성보다 30대, 40대 때의 임금 증가율이 낮고, 남녀 임금 증가율의 격차는 30대보다 40대 때 더 커지는 모습을 보인다.

산업별 평균 대졸 근로자 비율은 57%이고, 여성 근로자 비율은 28%이다. 남성 평균 근로시간은 43시간, 여성 평균 근로시간은 41시간으로 남성이 여성보다 평균 근로시간이 2시간가량 더 길다. 25~29세 여성 근로자의 산업별 평균 임금은 224만 원, 남성은 243만 원으로 나타난다.

〈표 3-2〉 초임 격차 분석 표본 요약 통계

	2011~2018		2012		2018	
	평균	표준편차	평균	표준편차	평균	표준편차
초임격차	-0.161	0.176	-0.183	0.215	-0.112	0.142
임금증가율						
여성 30~39세	0.161	0.097	0.168	0.098	0.146	0.095
남성 30~39세	0.254	0.072	0.276	0.068	0.239	0.065
여성 40~49세	0.204	0.187	0.201	0.185	0.203	0.163
남성 40~49세	0.499	0.130	0.502	0.129	0.484	0.116
제조업	0.360	0.480	0.359	0.484	0.369	0.486
서비스업	0.536	0.499	0.531	0.503	0.523	0.503
대졸비율	0.574	0.226	0.560	0.230	0.590	0.221
근로자 수	147.4	138.0	133.1	113.8	160.5	159.3
여성비율	0.282	0.155	0.274	0.153	0.291	0.158
남성 근로시간	42.917	1.876	43.216	2.048	42.901	1.656
여성 근로시간	41.405	1.311	41.715	1.193	41.290	1.133
25~29세 여성 임금	2237.7	281.6	2096.6	226.3	2445.5	245.4
25~29세 남성 임금	2425.4	332.3	2293.3	261.3	2625.4	321.3
N	506		64		65	

주 : 1) 초임 격차는 대졸자 직업이동 경로조사에서 추정하였고, 나머지 산업별 특성 변수는 고용형태별 근로실태조사를 이용.
2) 근로자 수 단위는 천 명임. 25~29세 임금은 2020년 기준 실질임금이며, 단위는 천 원임.

자료 : 「대졸자 직업이동 경로조사」(2013~2019), 「고용형태별 근로실태조사」(2009~2018) 데이터를 이용하여 저자 작성.

제4절 실증분석 결과

1. 남녀 임금 궤적 격차의 산업별 차이

산업별 예상 임금 증가율의 성별 격차가 성별 첫 임금 격차에 미치는 영향을 살펴보기에 앞서 추정에 사용된 성별 임금 궤적의 격차가 산업별로 차이를 보이는지 먼저 살펴보고자 한다. 위에서 제시한 연령별 임금 궤적 추정식을 조금 변형하여 산업 대분류 단위에서 연령에 따른 임금 궤적을 추정하였다.

$$\ln(w_{ia}^{K}) = \beta_a^K \sum_{a=2}^{5} I(age_i \in a) + \gamma edu_i + \lambda_k + \lambda_t + \epsilon$$

시간 추세(2009~2019년, λ_t)를 통제한 연령별 임금 궤적을 18개의 대분류 단위 산업(K)별로 추정하여 산업에 따라 여성의 임금 궤적이 얼마나 다르게 나타나는지 살펴본다. λ_k는 대분류 산업에 포함된 중분류 단위 산업 고정효과를 나타낸다.

[그림 3-2]는 산업 대분류별로 추정한 성별 연령에 따른 임금 궤적을 보여준다. 모든 산업에서 남성의 임금은 25~29세 임금과 비교하여 가파르게 증가한다. 반면 여성의 임금 궤적은 산업에 따라 다른 양상을 보인다. 먼저 남성의 임금 궤적과 동일하게 연령에 따라 임금이 지속적으로 뚜렷이 증가하는 산업은 1. 농업, 임업 및 어업, 3. 전기, 가스, 증기 및 공기 조절 공급업, 10. 금융 및 보험업, 15. 교육서비스업 4개 산업이다.

연령에 따라 임금이 증가하다 감소하는 산업은 7개 산업으로 5. 건설업, 6. 도매 및 소매업, 8. 숙박음식점업 12. 임대업, 14. 사업시설 관리, 사업지원 서비스업, 17. 예술, 스포츠 및 여가관련 서비스업, 18. 협회 및 단체, 수리 및 기타 개인 서비스업이 이에 해당한다. 이 중 5. 건설업, 12. 임대업, 18. 협회 및 단체, 수리 및 기타 개인 서비스업 3개 산업은 30~34세 이후 임금이 하락하기 시작하고, 6. 도매 및 소매업, 14. 사업시설 관리, 사업지원 서비스업, 17. 예술, 스포츠 및 여가관련 서비스업은 35~39세 이후 임금이 하락한다.

[그림 3-2] 산업별 연령에 따른 남녀 임금 궤적 격차

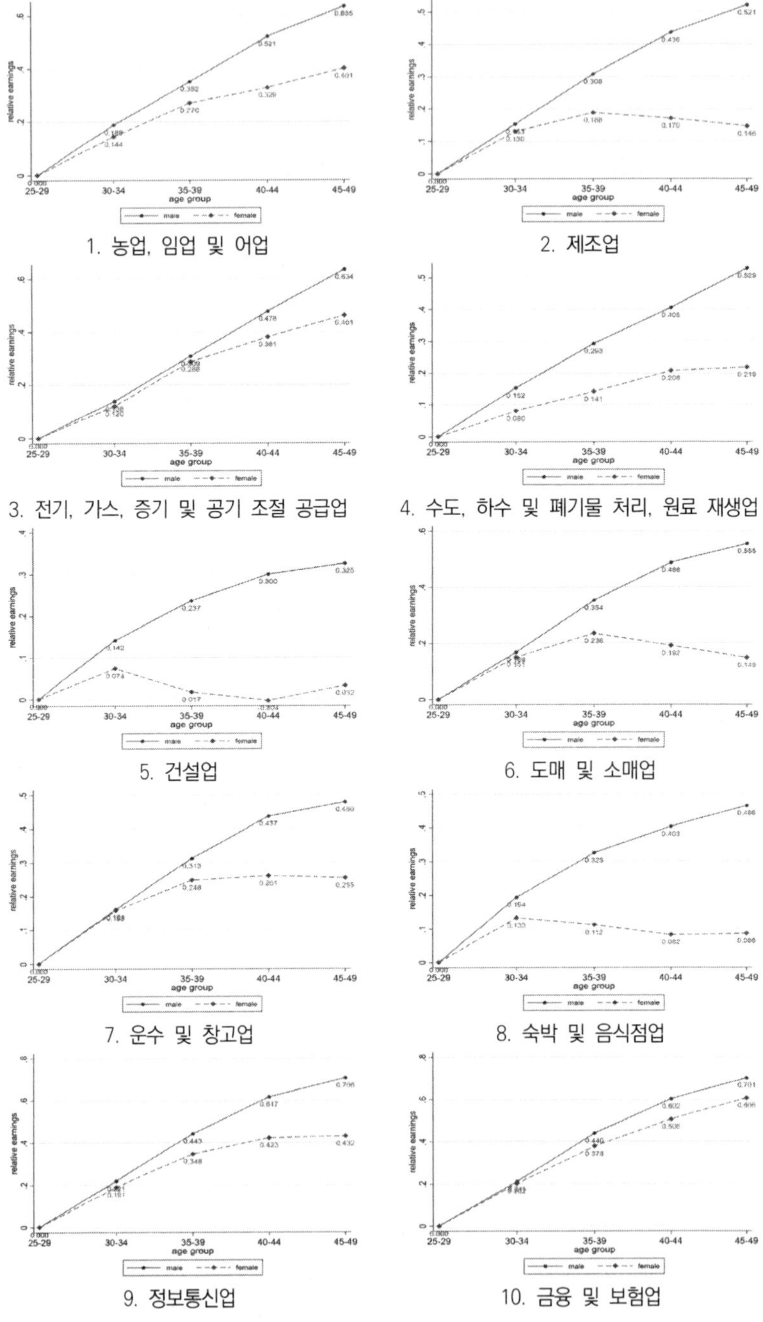

1. 농업, 임업 및 어업

2. 제조업

3. 전기, 가스, 증기 및 공기 조절 공급업

4. 수도, 하수 및 폐기물 처리, 원료 재생업

5. 건설업

6. 도매 및 소매업

7. 운수 및 창고업

8. 숙박 및 음식점업

9. 정보통신업

10. 금융 및 보험업

[그림 3-2]의 계속

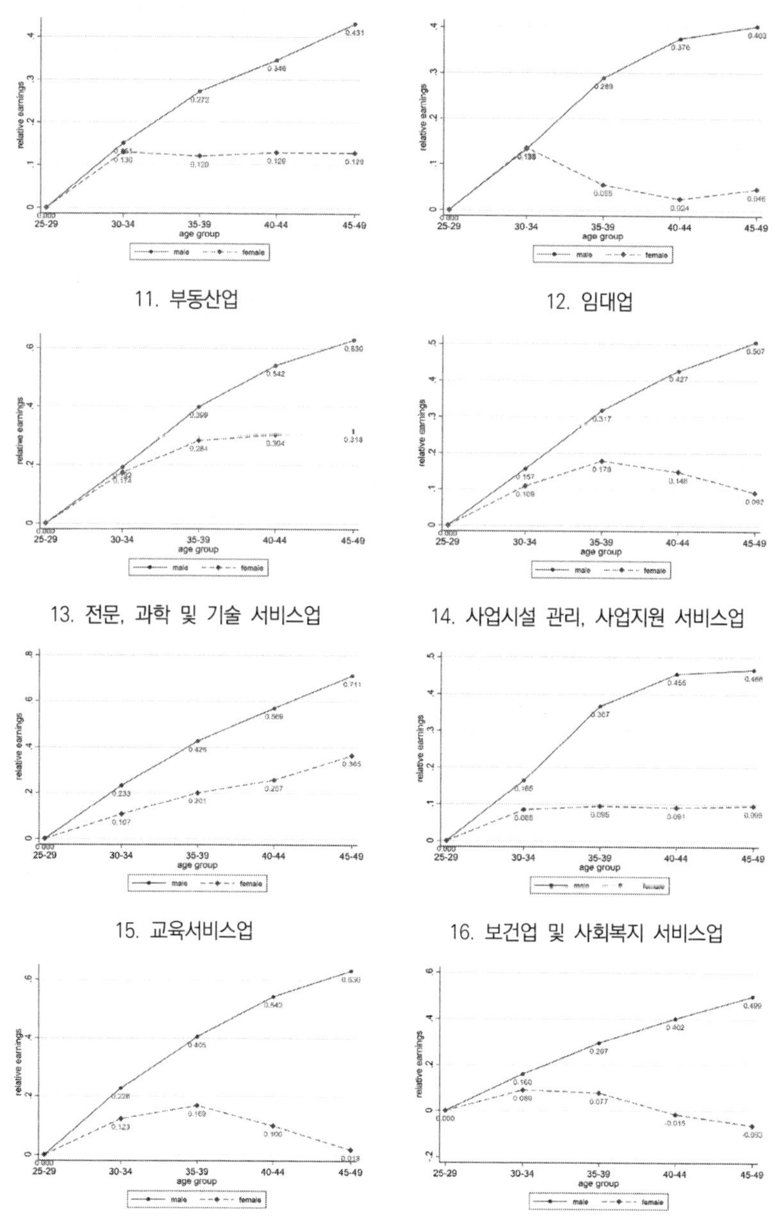

11. 부동산업

12. 임대업

13. 전문, 과학 및 기술 서비스업

14. 사업시설 관리, 사업지원 서비스업

15. 교육서비스업

16. 보건업 및 사회복지 서비스업

17. 예술, 스포츠 및 여가관련 서비스업

18. 협회 및 단체, 수리 및 기타 개인 서비스업

주 : 실선은 남성, 점선은 여성 표본으로 추정한 결과를 나타냄.
자료 : 「고용형태별 근로실태조사」, 2009~2019년.

4. 수도, 하수 및 폐기물 철, 원료 재생업, 9. 정보통신업은 40~44세까지 임금이 증가하다가 이후 임금이 거의 동일하고, 13. 전문, 과학 및 기술 서비스업은 35~39세까지 임금이 증가하다 이후 증가폭이 크게 감소한다. 2. 제조업, 7. 운수 창고업, 11. 부동산업, 16. 보건업 및 사회복지 서비스업도 임금이 처음에는 증가하다 이후 거의 동일하거나 소폭 감소하는 산업이다.

여성의 임금 궤적은 남성보다 산업에 따른 이질성이 크고, 18개 대분류 산업 중 11개 산업에서 임금이 감소하는 연령 구간이 나타난다. 40~44세까지 임금 증가율의 성별 격차가 큰 산업은 17. 예술, 스포츠 및 여가관련 서비스업과 18. 협회 및 단체, 수리 및 기타 개인 서비스업으로 여성의 25~29세 임금 대비 40~44세 임금 증가율이 남성 증가율보다 44.2%p, 41.7%p 더 작다. 17. 예술, 스포츠 및 여가관련 서비스업과 18. 협회 및 단체, 수리 및 기타 개인 서비스업은 45~49세 임금 증가율의 성별 격차 또한 가장 크게 나타나는 산업들이다. 특히 18. 협회 및 단체, 수리 및 기타 개인 서비스업에서는 40대 여성 근로자의 평균 임금이 25~29세 여성 근로자의 평균 임금보다도 낮게 나타났다. 5. 건설업, 15. 교육서비스업, 8. 숙박 및 음식점업, 12. 임대업 또한 동일 연령대 여성의 임금 증가율이 남성의 임금 증가율보다 30%p 이상 낮아 임금 궤적의 성별 격차가 큰 산업이다.

3. 전기, 가스, 증기 및 공기 조절 공급업과 10. 금융 및 보험업은 25~29세 대비 40~44세, 45~49세 임금 증가율의 성별 격차가 가장 작다. 하지만 이들 산업에서도 40~44세 여성의 임금 증가율은 동일 연령대 남성의 임금 증가율보다 9.6%p 더 낮고 45~49세 임금 증가율 격차는 각각 17.3%p, 9.5%p로 나타난다. 18개의 산업 중 11개의 산업에서 여성의 경우 임금이 하락하는 연령대가 존재하였고, 남성은 어떤 산업에서도 임금이 하락하는 연령대가 존재하지 않는다.

가정을 형성한 여성이 평균적으로 30대에 경험하는 자녀 페널티(child penalty)는 일부 여성에게는 경력단절의 형태로 나타난다.[22] 30대에 경력단

22) 경력단절 없이 직장을 유지하며 근로시간을 단축하거나 업무가 적은 직무로 이동할 수도 있고, 출산휴가나 육아휴직 이후 동료보다 승진이 늦어져 40대에 남성보다 낮은 임금을 받을 수도 있다. 경력단절은 자녀 페널티(child penalty)가 나타난 한 가지 형태이다.

절을 경험한 여성들이 자녀가 어느 정도 성장 후 재취업한다면 40대에 현 직장 근속기간이 남성보다 평균적으로 적을 것이다. [그림 3-3]은 각 연령대별(25~29세, 30~34세, 35~39세, 40~44세, 45~49세) 현 직장 평균 근속기간을 추정한 결과이다. 임금 궤적을 추정할 때와 마찬가지로 최종 학력, 조사연도, 중분류 산업 고정효과를 통제변수로 포함하였다. 임금 궤적 추정과 다른 점은 상수항을 포함하지 않아 제시되는 값들은 각 연령대별 평균 근속기간을 나타낸다는 점이다. 참고로 임금 궤적에서는 25~29세 임금 대비 이후 연령대의 임금을 추정하였다. 위와 마찬가지로 회귀분석은 남성과 여성 표본 각각에 대해 시행하였다.

먼저 현 직장 근속기간 또한 남성은 모든 산업에서 동일하게 연령에 따라 증가하는 패턴을 보이지만 여성은 산업마다 그 패턴에 차이가 있다. 일부 산업에서는 남성과 마찬가지로 연령에 따라 현 직장 평균 근속기간이 지속적으로 증가하고, 일부 산업에서는 30대 이후 평균 근속기간이 증가하지 않는 모습을 보인다.

앞서 4개 산업(1. 농업, 임업 및 어업, 3. 전기, 가스, 증기 및 공기 조절 공급업, 10. 금융 및 보험업, 15. 교육서비스업)에 대해 여성의 임금이 연령에 따라 지속적으로 상승함을 보였다. 이들 산업은 현 직장 평균 근속기간이 남성과 거의 비슷하게 증가한다. 이들 산업에서는 여성의 경력단절 가능성이 적고, 여성 근로자의 현 직장 근속연수와 임금이 연령에 따라 남성과 비슷한 궤적을 그리고 있다고 볼 수 있다.

여성의 임금이 증가하다 감소하는 6개 산업(5. 건설업, 6. 도매 및 소매업, 12. 임대업, 14. 사업시설 관리, 사업지원 서비스업, 17. 예술, 스포츠 및 여가 관련 서비스업, 18. 협회 및 단체, 수리 및 기타 개인 서비스업)의 연령에 따른 평균 근속기간을 살펴보면 30대까지는 여성과 남성의 현 직장 근속연수가 비슷하지만 40대부터 여성의 평균 근속연수가 남성보다 작아지는 경향성을 발견할 수 있다. 40~44세(45~49세) 남성과 여성의 임금 증가율 격차와 평균 근속기간 격차와의 관계를 단순 회귀분석(OLS)을 통해 살펴보면 평균 현 직장 근속기간의 격차가 큰 산업에서 임금 증가율의 격차도 크게 나타남을 확인하였다.

[그림 3-3] 산업별 연령별 남녀 평균 근속기간

(단위 : 월)

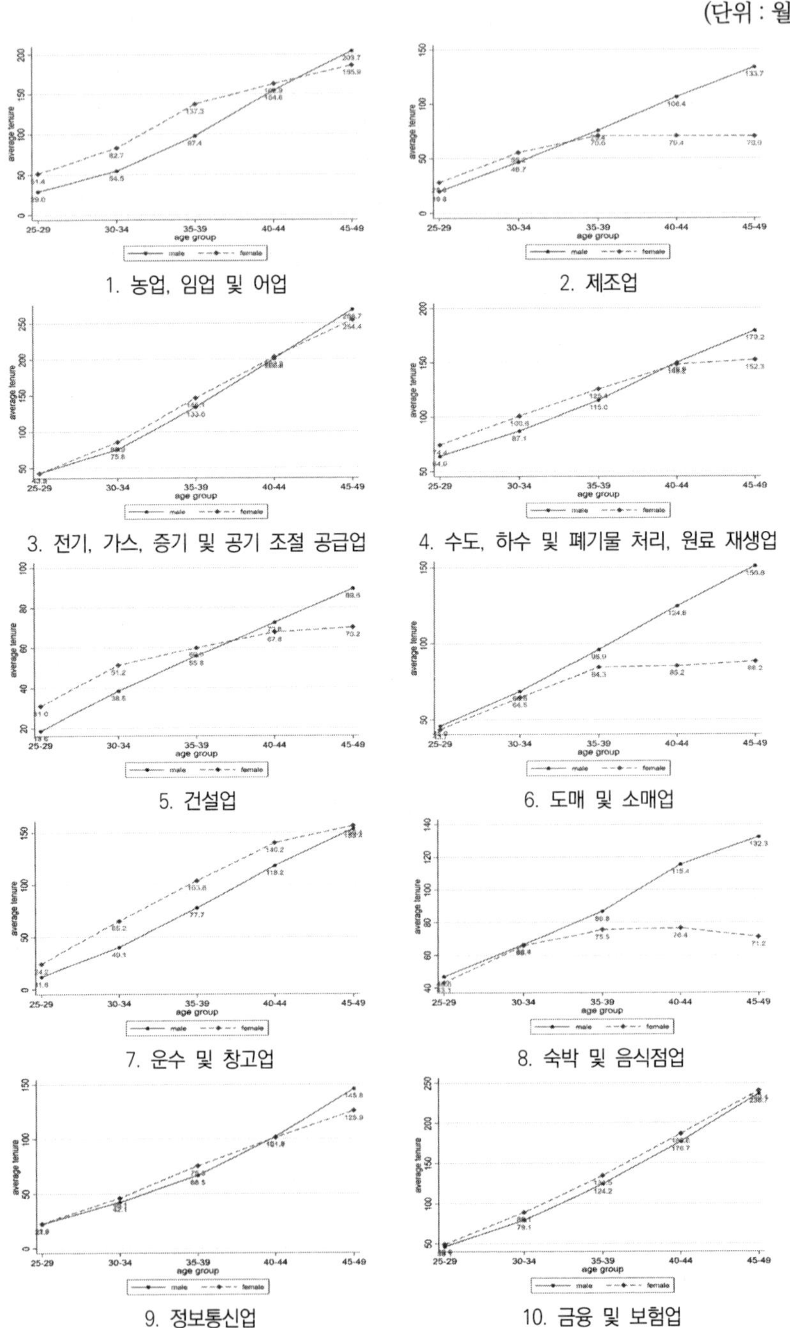

1. 농업, 임업 및 어업

2. 제조업

3. 전기, 가스, 증기 및 공기 조절 공급업

4. 수도, 하수 및 폐기물 처리, 원료 재생업

5. 건설업

6. 도매 및 소매업

7. 운수 및 창고업

8. 숙박 및 음식점업

9. 정보통신업

10. 금융 및 보험업

[그림 3-3]의 계속

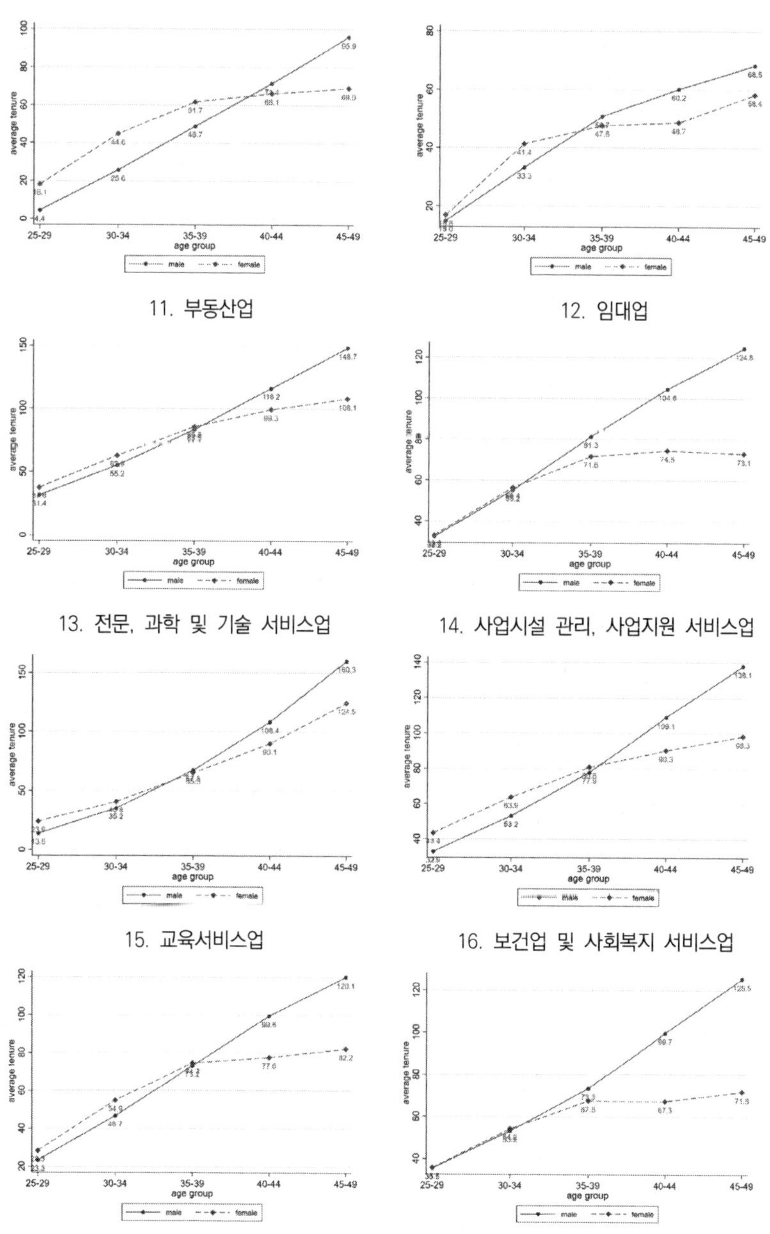

11. 부동산업

12. 임대업

13. 전문, 과학 및 기술 서비스업

14. 사업시설 관리, 사업지원 서비스업

15. 교육서비스업

16. 보건업 및 사회복지 서비스업

17. 예술, 스포츠 및 여가관련 서비스업

18. 협회 및 단체, 수리 및 기타 개인 서비스업

주 : 실선은 남성, 점선은 여성 표본으로 추정한 결과를 나타냄.

자료 : 「고용형태별 근로실태조사」, 2009~2019년.

2. 산업별 남녀 임금 증가율 격차와 경력 초기 임금 격차의 관계

위에서 연령에 따른 임금 증가율이 산업에 따라 차이가 나타남을 확인하였다. 각 산업별로 25~29세 경력 초기에 해당하는 남성과 여성 근로자의 성별 임금 격차를 추정하여 여성의 미래 임금 증가율의 안정성과 경력 초기 성별 임금 격차가 앞서 예상한 가설대로 관계가 있는지 검토해 보고자 한다. 서론에서 언급한 가설대로 여성의 임금이 안정적으로 증가하는 산업에서 여성이 그 대가로 더 적은 첫 임금을 수용할 유인이 있다면 경력 초기인 20대의 성별 임금 격차에도 영향을 미칠 것이기 때문이다.

먼저 각 산업에 대해 25~29세 근로자만 분석 표본으로 포함하고, 좌변에는 월 소득의 로그값, 우변에는 여성을 나타내는 더미변수, 최종 학력, 조사연도, 산업 중분류 고정효과를 포함하여 경력 초기 성별 임금 격차를 18개 대분류 산업에 대해 추정하였다. 이때, 여성 더미변수의 계수값은 남성 근로자 대비 여성 근로자가 얼마나 낮은 임금을 받는지 나타내는 추정치가 된다.[23] 이 값을 [그림 3-4] 그래프의 세로축에 표기하였다.

[그림 3-2]에서 추정된 25~29세 대비 40~44세, 45~49세 임금 상승분 격차(여성 임금 증가율 - 남성 임금 증가율)를 임금 증가율의 안정성으로 정의하고 [그림 3-4]의 가로축에 표기하였다. 예컨대, 숙박 및 음식점업에서 여성의 40~44세 임금 증가율은 0.082이고 남성은 0.403이다. 이는 40~44세 여성의 임금이 25~29세 대비 8.2% 높을 때 남성의 임금은 40.3% 높음을 의미한다. 두 증가율 사이의 격차는 −0.321이다. 반면, 금융 및 보험업 경우 동일 연령대 임금 증가율이 여성은 0.506, 남성은 0.602로 둘의 격차는 -0.096으로 나타난다. 본 연구에서는 숙박 및 음식점업이 금융 및 보험업보다 여성 생애 임금 증가율의 안정성이 낮고, 금융 및 보험업은 숙박 및 음식점업보다 여성 생애 임금 증가율의 안정성이 높다고 정의한다.

남성의 임금 증가율과 비교하여 연령에 따른 여성의 임금 증가율이 상대

---

23) 여성이 남성보다 노동시장 이행 연령이 빠르기 때문에 20대 후반 여성 근로자의 현 직장 근속연수가 대체로 더 길다(그림 3-3 참조). 근속 개월 수를 반영하여 산업별 25~29세 남녀 임금 격차를 추정하면 성별 임금 격차는 더 크게 나타나고, 40대 때의 임금 안정성과 관계성도 더 강해지는 경향을 확인하였다.

[그림 3-4] 성별 임금 증가율 격차와 경력 초기 임금 격차의 관계

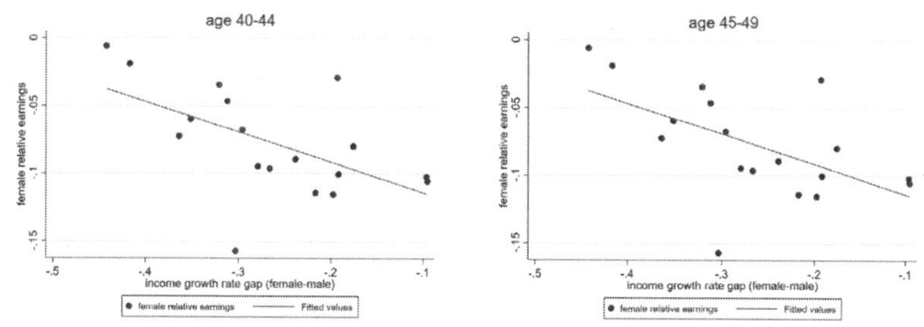

주 : 가로축은 25~29세 임금 대비 40~44세(45~49세) 임금 수준을 추정한 결과의 성별 격차를 나타냄(여성의 임금 상승률에서 남성의 임금 상승률을 뺀 값). 세로축은 25~29세 남성 대비 25~29세 여성의 상대임금을 나타냄. 산점도(scatter plot)는 18개 산업 대분류에 대해 각각 추정한 결과를 나타내고 이에 대한 적합선(fitted line)을 함께 표기함.

자료 : 「고용형태별 근로실태조사」, 2009~2019년.

적으로 낮지 않다면 여성의 미래 임금이 안정적으로 증가한다는 뜻이므로 여성들은 첫 임금이 낮더라도 이를 받아들일 유인이 생긴다. 숙박음식점업과 금융보험업을 다시 예로 생각하면 금융보험업에 진입하는 여성들은 미래 임금의 안정적 증가로 인해 첫 임금이 산업 내 남성 평균 임금보다 낮아도 그 일자리를 받아들일 유인이 생긴다. 반면, 연령에 따른 남성의 임금 증가율과 비교하여 여성의 임금 증가율이 낮으면(미래 임금에 대한 위험이 크면) 노동시장에 진입하는 여성들은 이러한 일자리를 기피할 것이고 이들 일자리를 받아들이기 위한 유보임금을 낮출 유인이 없다.

[그림 3-4]의 결과를 살펴보면 여성의 임금 증가율이 남성의 임금 증가율과 비슷한 산업일수록 경력 초기 성별 임금 격차가 크게 나타난다. 세로축에 표기한 여성의 남성 임금 대비 상대임금은 음의 값이 커질수록 여성이 남성보다 더 적은 임금을 받고 있음을 의미한다. 가로축에 표기한 임금 증가율 격차(여성 임금 증가율 - 남성 임금 증가율)는 0에 가까울수록 여성이 남성과 비슷한 임금 궤적을 가짐을 의미하고, 여성의 생애 임금이 안정적으로 상승함을 의미한다. 이는 여성의 임금 상승률이 크게 떨어지지 않는 산업에 진입하는 여성들이 동일 산업에 진입하는 남성보다 상대적으로 적은 임금의 일자리도 수락할 유인이 있다는 앞선 가설을 지지하는 상관관계이다.

한편, 여성과 남성의 임금 궤적 격차가 큰 산업이라고 하여 여성들이 그 산업에 적게 진출하는 것은 아니었다. 경력 초기 임금 격차가 여성들의 진입 선호와 관련이 있을 수 있으므로 산업별 25~29세 여성 근로자 비율이 해당 산업의 남녀 임금 궤적 격차와 유의한 상관관계가 있는지 회귀분석을 통하여 추정해 보았다. 각 산업의 성별 임금 궤적 격차(여성 임금 증가율 - 남성 임금 증가율)와 경력 초기 근로자 특성과의 관계를 살펴보기 위해 단순한 회귀분석을 추가로 시행하였다.

<표 3-3>은 산업별 임금 궤적의 성별 격차가 경력 초기(20대 후반) 근로자들의 성별 임금 격차와 20대 후반 여성 근로자 비율과 유의한 상관관계가 나타나는지 추정한 결과이다. 20대 후반 성별 임금 격차는 [그림 3-4]에 사용된 성별 임금 격차(남성 대비 여성의 상대임금)이고, 25~29세 여성 근로자 비율은 동일 연령대 근로자 중 여성 비율을 뜻한다.

설명변수는 위와 마찬가지로 40~44세(또는 45~49세) 때의 여성-남성 임금 증가율 격차(여성 임금 증가율 - 남성 임금 증가율)이다. 18개 산업에 대하여 상수와 증가율 격차만 포함하여 회귀분석을 시행한 결과를 <표 3-3>에 제시한다.

<표 3-3> 성별 임금 증가율 격차와 경력 초기 변수들과의 관계

종속변수	여성의 상대임금	여성 근로자 비율[24]
A. 40~44세 증가율 격차(여성 증가율-남성 증가율)		
증가율 격차	-0.223*** (0.065)	-0.446 (0.390)
B. 45~49세 증가율 격차(여성 증가율-남성 증가율)		
증가율 격차	-0.195*** (0.040)	-0.167 (0.254)
종속변수 평균	-0.077	0.485
산업수	18	18

주 : 40대 초반과 40대 후반 여성과 남성의 임금증가율(20대 후반 대비 각 연령대 근로자의 임금) 격차를 18개 산업에 대해 추정하고 이를 설명변수로 사용. 종속변수는 18개 산업에 대하여 각각 25~29세 남성 대비 여성의 상대임금 추정치와 25~29세 전체 근로자 중 여성 근로자 비율임. 설명변수와 상수만 포함한 OLS 결과이며 표준오차는 강건 표준오차임.

자료 : 「고용형태별 근로실태조사」, 2009~2019년.

---

24) 각 산업별 조사연도별 25~29세 근로자 중 여성 근로자 비중을 구하고 산업별로 전체 조사연도에 대해 여성 근로자 비중의 평균을 구하여 사용

첫 번째 열은 [그림 3-4]에 표시된 적합선의 기울기와 같다. 여성의 임금 증가율에서 남성 임금 증가율을 뺀 증가율 격차의 값이 크다는 것은 여성의 임금 증가율이 남성의 임금 증가율과 가깝고, 임금 증가율의 안정성이 크다는 의미임을 다시 한 번 언급한다. 여성의 임금이 안정적으로 증가하는 산업일수록 경력 초기 성별 임금 격차가 크게 나타나고 이는 통계적으로 유의하다. 하지만 여성의 임금이 안정적으로 증가하는 산업이라고 해서 25~29세 여성 근로자 비율이 유의하게 낮거나 높지는 않았다.

3. 임금 증가율 격차가 성별 초임 격차에 미치는 영향

마시막으로 식 (3-4)의 추정 결과로 산업별 40대 임금 궤적 격차에 대한 예상이 초임 격차에 미치는 영향을 살펴본다. 〈표 3-4〉는 25~29세 근로자 임금 대비 40대 근로자 임금 증가율의 성별 격차가 초임 격차에 미치는 영향을 추정한 결과이다. 초임 격차는 대졸자 직업이동 경로조사에서, 40대 임금 증가율 격차와 산업 특성 변수는 고용형태별 근로실태조사에서 구성하였다. 각 변수 관련 자세한 내용은 제2절 실증분석 모형에 제시하였다. 40대 남성 임금 증가율은 임금 상승률의 규모를 통제하기 위해 포함하였다.

두 번째 열부터 네 번째 열까지는 첫 번째 열 모형에 각각 산업별 평균 근로시간, 20대 근로자 평균 임금, 산업 대분류 고정효과를 통제변수로 추가하며 추정한 결과이다. 결과를 살펴보면 40대 때 여성의 임금 증가율이 남성의 임금 증가율과 가까울 것으로 예상되는 산업일수록 여성의 남성 대비 상대적 초임이 더 낮게 나타났다(성별 초임 격차 확대를 의미). 40대 예상 임금 증가율 격차가 1%p 작아지면 성별 초임 격차는 0.147%p 확대된다. 산업별 근로시간과 산업 내 25~29세 근로자 평균 임금을 통제하여도 이 영향은 유의하다. 대분류 단위에서 산업 고정효과를 포함하면 계수값은 -0.135까지 영향이 작아지지만 동일한 결과를 보여준다. 대졸 여성이 예상하는 미래 임금 페널티가 작은 산업일수록 여성들이 남성보다 더 낮은 임금을 받고 노동시장에 이행함을 분석 결과는 함의한다.

이 결과가 인과성을 가지기 위해서는 역인과의 가능성이 없는지 체크해 보아야 한다. 예컨대, 여성의 초임(또는 경력 초기 임금)이 낮은 산업에서 여성이 출산 후 노동시장 이탈을 더 많이 하고 노동시장에 남은 여성들은 상대적으로 임금 상승률이 높은 여성일 가능성도 있다. 출산 전 낮은 임금은 적은 기회비용을 의미하므로 출산 후 노동시장을 더 많이 이탈할 수 있는 것이다. 이러한 역인과의 가능성이 있는지 살펴보기 위해 여성의 상대적 초임(남성 대비)이 낮은 산업에서 40대 여성 근로자 비율이 특별히 더 낮아지는지 살펴보았다.

〈표 3-4〉 40대 여성 임금 안정성이 성별 첫 임금 격차에 미치는 영향

y = 초임 격차	(1)	(2)	(3)	(4)
40대 임금증가율 격차 (여성-남성)	-0.147** (0.070)	-0.153** (0.073)	-0.148* (0.076)	-0.135* (0.077)
40대 남성 임금 증가율	-0.139 (0.123)	-0.140 (0.124)	-0.149 (0.126)	-0.284*** (0.102)
제조업	0.027 (0.044)	0.030 (0.044)	0.031 (0.043)	
서비스업	0.037 (0.045)	0.039 (0.045)	0.037 (0.047)	
대졸자 비율	0.065 (0.080)	0.033 (0.090)	0.033 (0.107)	0.021 (0.100)
ln(근로자 수)	0.006 (0.014)	0.007 (0.014)	0.007 (0.014)	0.017 (0.011)
여성 근로자 비율	0.100 (0.068)	0.082 (0.070)	0.076 (0.071)	0.108 (0.067)
남성 평균 근로시간		-0.008 (0.008)	-0.007 (0.009)	-0.008 (0.009)
여성 평균 근로시간		0.004 (0.011)	0.002 (0.011)	0.018 (0.013)
25~29세 여성 근로자 임금			0.000 (0.000)	0.000 (0.000)
25~29세 남성 근로자 임금			-0.000 (0.000)	-0.000 (0.000)
산업(대분류) 고정효과				포함
졸업연도 고정효과	포함	포함	포함	포함
obs	506	506	506	506

주 : 1) 근로자 수와 여성 근로자 비율은 대졸자 한정.
2) 모든 임금 변수는 2020년 기준 실질임금이며 월 소득을 나타냄.
3) 산업 중분류 단위의 군집 표준오차는 괄호안에 제시함.

자료 : 「대졸자 직업이동 경로조사」(2013~2019), 「고용형태별 근로실태조사」(2009~2018) 데이터를 이용하여 저자 작성.

〈표 3-5〉 남녀 초임 격차와 30~40대 여성 근로자 비율

y=여성 근로자 비율	(1)	(2)	(3)	(4)
	30대	30대	40대	40대
초임 격차	-0.007 (0.018)	-0.007 (0.017)	0.015 (0.034)	0.011 (0.027)
제조업	-0.014 (0.014)	-0.013 (0.015)	-0.043* (0.026)	-0.037 (0.028)
서비스업	-0.014 (0.017)	-0.019 (0.017)	-0.028 (0.030)	-0.047 (0.032)
대졸자 비율	-0.021 (0.024)	0.018 (0.033)	-0.150** (0.058)	-0.019 (0.058)
ln(근로자 수)	0.011* (0.006)	0.012** (0.006)	0.025** (0.011)	0.029*** (0.011)
여성 근로자 비율(25~29)	0.835*** (0.063)	0.822*** (0.062)	0.704*** (0.109)	0.670*** (0.105)
남성 평균 근로시간		-0.001 (0.004)		0.008 (0.008)
여성 평균 근로시간		0.001 (0.004)		-0.009 (0.009)
25~29세 남성 근로자 임금		0.000 (0.000)		-0.000 (0.000)
25~29세 여성 근로자 임금		-0.000* (0.000)		-0.000 (0.000)
졸업연도 고정효과	포함	포함	포함	포함
obs	506	506	506	506

주 : 1) 근로자 수와 여성 근로자 비율은 대졸자 한정.
2) 모든 임금 변수는 2020년 기준 실질임금이며 월 소득을 나타냄.
3) 산업 중분류 단위의 군집 표준오차는 괄호 안에 제시함.
자료 : 「대졸자 직업이동 경로조사」(2013~2019), 「고용형태별 근로실태조사」(2009~2018) 데이터를 사용하여 저자 작성.

분석 표본에서 각 산업별 연령에 따른 여성 근로자 비율을 구해보면 여성 근로자 비율은 연령이 높아짐에 따라 점차 감소한다. 표본 내 산업별 25~29세 대졸 근로자 중 여성 근로자 비중은 평균 47%이다. 이 비율은 30대(30~39세)에서 32%, 40대(40~49세)에서 25%까지 감소한다.[25] 여성의 상대적 초임이 낮은 곳에서 30~40대 여성들의 이탈이 더 큰지 살펴보기 위해 30대와

25) 5세 단위로 살펴보아도 연령이 증가함에 따라 대졸 근로자 중 대졸 여성 근로자 비중은 감소한다(30~34세 35%, 35~39세 29%, 40~44세 26%, 45~49세 24%).

40대 여성 근로자 비율을 종속변수로 하고, 〈표 3-4〉에 제시된 통제변수들을 포함하여 회귀분석을 시행하였다. 다만 통제변수 중 전체 여성 근로자 비율은 30~40대 여성을 포함하므로 전체 여성 근로자 비율 대신 20대 여성 근로자 비율을 사용하였다. 분석 결과는 〈표 3-5〉에 제시한다.

〈표 3-5〉에 제시된 결과를 살펴보면 여성의 상대적 초임이 높은 산업이라고 하여 30대와 40대 여성 근로자 비율이 유의하게 높아지거나 낮아지는 현상은 관찰할 수 없었다. 대졸자의 성별 첫 임금 격차는 연령대별 대졸 여성 근로자의 비율과는 유의한 상관관계가 없어 여성 근로자의 규모 변화가 남녀 임금 궤적의 격차 정도를 견인한 것은 아닌 것으로 보인다.

제5절 소 결

본 장에서는 고용형태별 근로실태조사와 대졸자 직업이동 경로조사를 이용하여 여성의 임금이 안정적으로 증가할 것으로 예상되는 산업에서 성별 초임 격차가 크게 나타나는지 살펴보았다. 본 장의 결과는 크게 세 가지로 요약될 수 있다. 첫째, 연령에 따른 남성들의 임금 변화는 모든 산업에서 안정적으로 증가하는 동일한 패턴을 보이지만 여성 근로자의 연령에 따른 임금 변화는 산업에 따라 다른 패턴을 보인다. 둘째, 많은 산업에서 여성 근로자의 임금은 30대 이후 증가세가 둔화된다. 셋째, 예상 임금 증가율의 남녀 격차가 작은 산업은 남녀 초임 격차가 크다. 마지막 결과는 연령에 따라 여성의 임금이 안정적으로 증가할 것이라는 기대가 대졸 여성의 경력 초기 임금(남성 대비 상대임금)에 유의한 영향을 미침을 뒷받침한다.

고용형태별 근로실태조사를 통해 분석한 결과, 18개의 대분류 산업 중 11개의 산업에서 여성은 연령에 따라 임금이 증가하지 않고 감소하는 구간이 존재하였다. 반면 남성은 모든 산업에서 근로자의 연령이 증가함에 따라 임금도 지속적으로 증가하는 모양을 보였다. 아래 〈표 3-6〉은 연령에 따라 여성의 임금이 지속적으로 증가하는 산업, 증가하다 감소하는 산업, 그리고 증가하다 변화가 없어지는 산업으로 나누어 정리한 표이다.

〈표 3-6〉 여성 근로자의 연령에 따른 임금 결과 요약

지속적 증가	증가 후 감소	증가 후 유지
1. 농업, 임업 및 어업 3. 전기, 가스, 증기 및 공기 조절 공급업 10. 금융 및 보험업 15. 교육서비스업	5. 건설업 6. 도매 및 소매업 8. 숙박 및 음식점업 12. 임대업 14. 사업시설 관리, 사업 지원 서비스업 17. 예술, 스포츠 및 여가 관련 서비스업 18. 협회 및 단체, 수리 및 기타 개인 서비스업	2. 제조업 4. 수도, 하수 및 폐기물 철, 원료 재생업 7. 운수 창고업 9. 정보통신업 11. 부동산업 13. 전문, 과학 및 기술 서비스업 16. 보건업 및 사회복지 서비스업

자료 : 본문의 분석 결과를 토대로 저자 작성.

40~44세까지 임금 변화의 성별 격차가 큰 산업은 17. 예술, 스포츠 및 여가관련 서비스업과 18. 협회 및 단체, 수리 및 기타 개인 서비스업이고, 3. 전기, 가스, 증기 및 공기 조절 공급업과 10. 금융 및 보험업은 임금 증가율의 성별 격차가 작게 나타나는 산업들이다.

현 직장 근속기간 또한 남성은 모든 산업에서 근로자의 연령이 증가할수록 현 직장 평균 근속기간이 증가하는 패턴을 보이지만 여성은 산업마다 그 패턴에 차이가 있다. 일부 산업에서는 남성과 마찬가지로 근로자의 연령이 증가함에 따라 현 직장 평균 근속기간이 지속적으로 증가하고, 일부 산업에서는 30대 이후 근로자의 연령이 증가하여도 평균 근속기간이 증가하지 않는 모습을 보인다. 이들 산업은 40대 여성 근로자 중 재취업이나 이직을 한 근로자가 많음을 뜻한다.

여성 근로자의 연령에 따라 임금이 지속적으로 증가하는 4개 산업(1. 농업, 임업 및 어업, 3. 전기, 가스, 증기 및 공기 조절 공급업, 10. 금융 및 보험업, 15. 교육서비스업)은 여성의 현 직장 평균 근속기간이 남성과 거의 비슷하게 근로자의 연령에 따라 증가한다. 이들 산업에서는 여성의 경력단절 가능성이 작고, 여성 근로자와 남성 근로자의 노동시장 성과가 연령에 따라 비슷한 변화 과정을 보이고 있다고 생각할 수 있다.

여성 근로자의 임금이 연령에 따라 남성과 비슷하게 변하는 산업에서는 20대 후반 대졸 근로자 사이에 성별 임금 격차가 크게 관찰되었다. 이는 여

성들이 향후 남성과 비슷한 임금 증가를 기대할 수 있는 산업은 여성이 임금을 낮추어서 진입했을 가능성이 있음을 함의한다. 하지만 연령에 따른 임금 변화의 성별 격차가 큰 산업이라고 하여 여성들이 그 산업에 적게 진입하는 것은 아니었다. 다만 진입 시점 임금에서의 차이만 보일 뿐이었다.

임금 증가율의 성별 격차는 성별 초임 격차에도 유의한 영향을 미친다. 여성 근로자의 연령에 따른 임금 변화가 남성 근로자와 비슷한 궤적을 보이는 산업일수록 남성 대비 여성 대졸자의 첫 임금이 낮아 성별 초임 격차가 크게 나타났다. 이는 산업별 남녀 평균 근로시간과 경력 초기 근로자의 평균 임금 수준, 산업별 근로자 구성을 포함한 산업 특성, 대분류 수준의 산업 고정효과를 모두 포함하여도 유의한 결과였다.

제3장에서 새롭게 발견한 정형화된 사실은 연령에 따라 임금이 지속적으로 증가하는 남성과 달리 여성은 산업별로 연령에 따른 임금 변화의 정도가 다르게 나타나고, 연령에 따라 성별 임금 격차가 더 심해지는 산업이 존재한다는 것이다. 성별 임금 격차 완화를 위해 임금 공시, 승진 및 임금 차별 금지, 여성의 경력 발전을 위한 교육 · 멘토링 · 네트워킹 제공 등 다양한 정책이 시행되고 있다. 본 장에서 제시하는 결과는 이러한 정책들의 효과성을 높이기 위해서는 산업 특성을 함께 파악할 필요가 있음을 시사한다.

예컨대, 동일 연령대의 남성과 비교하여 여성의 현 직장 근속연수가 크게 감소하는 산업은 경력단절의 위험이 높은 산업으로 볼 수 있다. 여성 근로자의 근속연수와 임금 증가율이 30대를 지나며 함께 감소하는 산업은 모성보호제도 활성화가 특히 더 필요한 산업일 수 있고, 경력에 맞는 인적자본 성장을 위해 여성 근로자 멘토링, 네트워킹 프로그램이 큰 효과를 발휘할 수 있는 산업일 수 있다. 또한, 성과 기반 보상체계가 강한 산업 분야는 근속연수의 차이 없이 임금 증가율의 격차만 나타날 수 있다. 이러한 산업에서는 성별에 따른 성과 평가 대신 동등한 기여도를 보일 수 있는 업무체계를 구축하거나 여성 관리자 비중을 높이기 위한 교육 훈련 프로그램을 제공하는 것이 성별 격차 완화와 관련하여 산업 특성에 맞는 지원이 될 수 있을 것이다.

제 4 장
남녀 임금 증가율에 대한 기대와 유보임금 격차

제1절 서 론

노동시장 진입 이전에 형성하는 유보임금, 생애 임금에 대한 기대, 성별 임금 상승률 격차에 대한 예상은 데이터에서 관찰되지 않는다. 앞선 장에서는 남녀 임금 궤적 격차에 대한 예상이 노동시장에서 관찰되는 연령별 임금에 기초할 것이라는 가정 아래 실증분석을 진행하였다. 본 장에서는 졸업을 앞둔 대학 4학년 학생들을 대상으로 유보임금과 본인이 희망하는 일자리에서 기대하는 생애 임금, 희망하는 일자리에서 평균적으로 남녀 근로자가 받을 것으로 예상하는 임금 궤적에 대해 직접 조사하고 이를 분석에 사용하였다.

기존 데이터에서 관찰되는 경력 초기 임금과 일자리 정보는 실현된 일자리 정보이다. 관찰된 일자리 정보로부터 개인의 성향이나 개인이 노동시장 진입 전 형성했던 기대에 대한 정보를 분리해 내는 것은 불가능하다. 관측 불가능의 이유도 있지만 실현된 일자리는 노동공급자의 선호뿐 아니라 고용주의 선호까지 반영된 결과이기 때문이다. 즉, 관찰되는 일자리는 노동공급자 개인이 노동시장 진입 전 가장 희망했던 일자리일 수도 있지만 대체로는 구직 과정을 거치며 조정된 결과이기 때문에 실현된 일자리가 개인의 노동시장 진입 전 선호와 예상을 온전히 반영하고 있다고 볼 수 없다.

이러한 어려움을 해결하기 위해 본 연구에서는 수도권 대학 4학년에 재학 중인 학생들을 대상으로 개인의 성향, 유보임금, 희망하는 일자리에 취업했을 경우 기대하는 본인의 생애 임금, 노동시장에서 형성된 평균 임금에 대한 예측을 조사하여 남성과 여성의 유보임금 격차 분석에 이용하였다.

본 장에서는 먼저 설문조사 결과를 바탕으로 청년 여성과 남성이 미래 본인의 임금과 노동시장 평균 임금 궤적에 대해 얼마나 다른 기댓값을 형성하고 있는지 그 원인과 함께 살펴본다. 그리고 가장 중요하게 노동시장 평균 임금 증가율 대한 기대가 첫 일자리 유보임금에 유의한 영향을 미치는지, 그것이 남녀 간 유보임금 격차를 야기하는 요인인지 분석하고자 한다.

본 장의 구성은 다음과 같다. 제2절에서는 조사 설계와 표본 구성에 대해 설명하고, 제3절에서는 다양한 요약 통계를 통해 노동시장 진입 전 청년 남성과 여성이 형성하고 있는 임금에 대한 다양한 기댓값들을 보여준다. 제4절에서는 개인이 예상하는 평균 임금 상승률의 성별 격차가 개인의 유보임금과 성별 유보임금 격차에 미치는 영향을 추정하고, 마지막으로 제5절에서 결과 해석과 함께 정책 함의를 제시한다.

제2절 데이터

1. 조사 개요

조사는 수도권 대학 졸업을 앞둔 대학생의 유보임금, 기대 임금, 노동시장에 대한 예상 등을 파악하는 것을 목적으로 한다. 조사 대상은 수도권 4년제 일반대학에 재학 중인 만 30세 미만의 4학년 학생(7학기 또는 8학기 이상 재학 중인 학생)이다. 조사는 2024년 9월 11일부터 10월 8일까지 약 한 달간 온라인 설문조사로 진행되었다. 조사 내용은 응답자 인적사항 및 기초정보, 희망하는 일자리에서 기대하는 본인의 생애 임금, 희망하는 일자리에서 동일 전공 대졸자가 받을 것으로 예상하는 평균 임금, 목표하는 일자리 정보, 성향 및 선호 등을 포함한다. 조사표 초안 작성 후 100명의 표본으로 사전조사[26])를 진행한 뒤 설문 문항의 적정성, 응답소요 시간에 대한 응답자와 전문가 의견을 반영하고, 이후 최종 조사를 진행하였다.

한국대학교육협의회에서 정하는 대학정보공시 대학 중 수도권 4년제 일반대학 83개교[27]를 조사 대상 대학으로 설정하였고, 모집단은 2024년 4월 1일 기준 수도권 대학의 4학년 이상 재적학생 수 분포를 기준으로 하였다. 〈표 4-1〉은 표본의 성별, 지역별 분포를 보여준다. 조사기간 동안 남성보다 여성의 응답률이 2배 이상 높았으나 지역별 분포는 거의 동일하다.

〈표 4-2〉는 전공계열별 표본 분포를 보여준다. 여성은 사회계열, 인문계열, 공학계열 순으로, 남성은 공학계열, 사회계열, 인문계열 순으로 전공 선택 비중이 높다. 남녀 모두 사회계열 선택 비중이 높은 편이고 남성은 공학계열의 선택 비중이 여성보다 높다.

〈표 4-1〉 표본 구성

(단위 : 명, %)

	여성		남성		전 체	
	수	비율	수	비율	수	비율
서울	1,985	(65.3)	839	(64.4)	2,824	(65.0)
인천	154	(5.1)	71	(5.4)	225	(5.2)
경기	903	(29.7)	393	(30.2)	1,296	(29.8)
전 체	3,042	(100.0)	1,303	(100.0)	4,345	(100.0)

주 : 전체는 서울, 인천, 경기의 합을 의미함. 각 지역별 표본 비율(%)은 괄호에 제시.
자료 : 자체 설문조사.

〈표 4-2〉 전공별 표본 수

(단위 : 명, %)

	여성		남성		전 체	
	수	비율	수	비율	수	비율
1. 인문계열	600	(19.7)	201	(15.4)	801	(18.4)
2. 사회계열	925	(30.4)	312	(23.9)	1,237	(28.5)
3. 교육계열	144	(4.7)	27	(2.1)	171	(3.9)
4. 공학계열	563	(18.5)	517	(39.7)	1,080	(24.9)
5. 자연계열	279	(9.2)	106	(8.1)	385	(8.9)
6. 의약계열	190	(6.2)	50	(3.8)	240	(5.5)
7. 예체능계열	341	(11.2)	90	(6.9)	431	(9.9)
전 체	3,042	(100.0)	1,303	(100.0)	4,345	(100.0)

자료 : 자체 설문조사.

26) 사전조사는 2024년 8월 28~31일까지 진행되었다.
27) 교육대학/산업대학/전문대학/방송통신대학/사이버대학/기술대학/각종 학교/전공대학/원격대학/사내대학/기능대학 제외.

2. 조사 내용

설문지는 크게 다음의 6가지 조사 내용으로 구분된다.

1. **응답자 기초 정보**: 성별, 출생년월, 대학 소재지, 대학 종류, 재학 학기, 전공계열 및 학과, 대학 졸업 후 계획, 혼인상태
2. **희망 일자리 임금**: 희망 일자리 취업 시 연령대별 본인의 예상 연 소득, 희망 일자리 유보임금, 희망 일자리 연령대별 노동시장 평균 임금 예측
3. **상황별 유보임금**
4. **성향**: 주관적 능력, 위험 선호, 시간 선호, 불안감, 커리어와 가족에 대한 가치
5. **취업 목표**: 희망하는 일자리 산업, 직종, 근무시간, 일자리 선택 시 중요하게 생각하는 요인, 목표 일자리 사업체 규모, 소재지
6. **인적사항 및 대학생활**: 가족 배경, 대학 졸업 예정일, 학점 평균, 인턴 및 일자리 경험

조사 문항의 순서는 1~6의 순서를 따르고 이전 문항으로 돌아가 응답 내용을 수정할 수 없다.

응답자 기초정보 단계에서는 조사 대상이 아닌 응답자를 구분한다. 조사 대상이 되는 응답자에 한해 가장 먼저 본인의 희망 일자리 임금에 대한 기대를 묻는다. 본인이 취업을 희망하는 일자리에 취업하여 받을 것으로 예상하는 본인의 연령대별 임금(첫 임금, 30대 초반, 30대 후반, 40대 초반, 40대 후반)과 첫 임금에 대한 유보임금을 가장 먼저 질문하고, 다음으로 그 일자리에서 형성되어 있는 연령대별 평균 임금이 어느 정도일지 예상하여 응답하도록 한다. 각 문항은 한 번 응답하고 난 뒤에는 수정할 수 없음을 알리는 메시지를 띄워 본인 응답을 한 번 더 확인한 후 다음 문항으로 넘어갈 수 있다. 그리고 뒷 문항에서 앞 문항으로 이동은 불가능하게 설계하였다. 이는 뒤에 이어지는 설문 문항들이 응답자의 기댓값에 영향을 주지 않도록 하기 위함이다. 마지막으로 본인의 임금과 노동시장에서 형성되어 있을 임금 궤적에 대한 예상은 본인이 현재 취업을 희망하는 일자리를 기준으로 하고 있다.

다음으로 남녀 응답자 절반을 무작위로 선택하고 선택된 응답자를 다시 3개의 그룹으로 랜덤하게 나누어 임금 상승률을 다르게 가정한 3개의 시나리오 중 하나를 제시한다. 그리고 응답자는 본인에게 주어진 가상의 일자리를 수락하기 위해 필요한 최저임금 수준(유보임금)을 응답한다.

(질문) 다음과 같은 일자리 제안이 온다면 첫 연봉이 얼마 이상일 때 제안을 수락하시겠습니까?

(시나리오 1)
- 경력 20년 후 임금이 초임 대비 평균 60% 증가
- 하지만, 성과 및 업무량에 따라 근로자의 1/3은 20년 후 임금이 초임 대비 20% 증가

(시나리오 2)
- 경력 20년 후 임금이 초임 대비 평균 60% 증가
- 하지만, 성과 및 업무량에 따라 근로자의 1/3은 20년 후 임금이 초임 대비 40% 증가

(시나리오 3)
- 경력 20년 후 임금이 초임 대비 평균 80% 증가
- 하지만, 성과 및 업무량에 따라 근로자의 1/3은 20년 후 임금이 초임 대비 20% 증가

이는 여성이 적은 업무량이나 저성과에 대한 위험을 더 크게 인식하고 저성과에 대한 페널티에 남성보다 더 크게 반응할 것인지를 알아보기 위한 실험이다. 시나리오 1은 2015~2019년까지 고용형태별 근로실태조사에서 구한 값들로 구성한 것이다. 2015~2019년까지 고용형태별 근로실태조사에서 대졸 남성 근로자(표본의 67%)는 20대 후반 근로자 임금보다 40대 후반 근로자 임금이 평균 58% 높았고, 대졸 여성 근로자(표본의 33%)는 20대 후반 근로자의 임금보다 40대 후반 근로자의 임금이 평균 23% 높았다.

여성이 저성과에 대한 위험을 더 크게 인식하고 이에 대한 페널티가 적은 직업을 선호한다면 시나리오 1보다 시나리오 2를 받은 여성들의 유보임금이 더 작게 나타날 것이다. 응답자가 저성과 상태를 피했을 때 받을 수 있는 일반적인 임금 상승률에 가치를 둔다면 시나리오 1보다 시나리오 3을 제시받은 응답자의 유보임금이 더 낮게 나타날 것이다.

제3절 요약 통계

1. 생애 임금에 대한 기대

[그림 4-1]은 남녀 평균 생애 임금 궤적의 격차를 보여준다. 이는 본인이 원하는 일자리에 취업했을 때 기대하는 임금 궤적으로 남성은 여성보다 평

[그림 4-1] 희망하는 일자리 취업시 예상 연소득 및 임금 증가율

(A. 희망하는 일자리 취업시 예상 연소득)

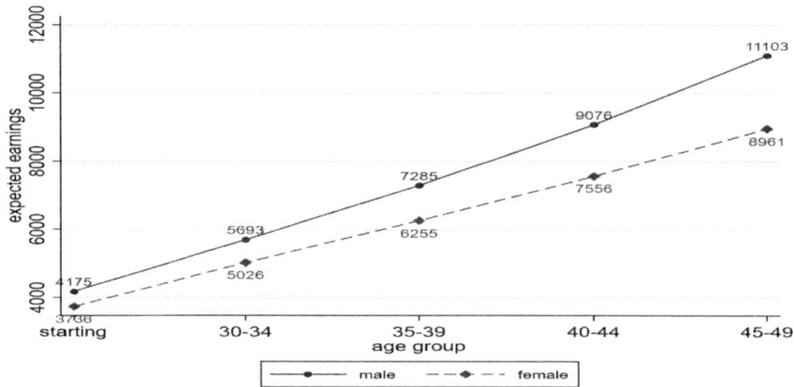

(B. 희망하는 일자리 취업시 예상 임금 증가율)

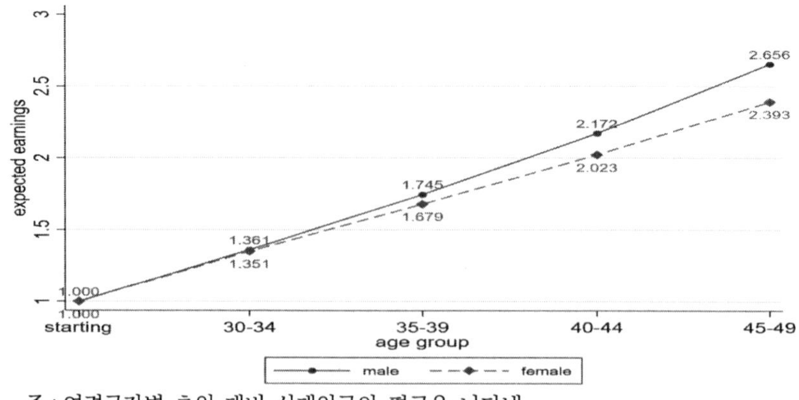

주 : 연령구간별 초임 대비 상대임금의 평균을 나타냄.

균적으로 더 높은 생애 임금과 임금 증가율을 예상한다. 남성이 예상하는 평균 초임은 4,175만 원이고 여성의 평균 예상 초임은 이보다 약 10% 낮은 3,736만 원이다.

[그림 4-1]의 B는 남성과 여성 각각의 초임 대비 연령대별 상대임금의 기댓값을 나타낸다. 즉, 응답자 개인에 대해 각 연령대별 기대 임금을 초임으로 나누고 그 평균을 나타낸 것이다. 남성과 여성 모두 30대 초반까지는 비슷한 수준의 임금 증가율을 예상한다. 남성은 초임에 비해 30대 초반 임금이 36%, 여성은 35% 증가할 것으로 예측한다. 30대 후반부터 임금 증가율의 격차가 나타나고, 남성은 40대 후반 임금이 초임의 2.6배일 것으로 여성은 2.4배일 것으로 기대한다. 남성이 여성보다 더 높은 임금 증가율을 기대하고 있음을 알 수 있다. 또한, 노동시장 진입을 앞둔 수도권 4년제 대학 재학생들은 실제 노동시장에서 관찰되는 대졸자의 연령대별 임금 분포와 비교할 때 남성과 여성 모두 생애 임금에 대해 더 낙관적인 기대를 형성하고 있음을 알 수 있다.

[그림 4-2] 희망하는 일자리 취업시 예상 연소득 : 전공계열별 결과

(단위 : 만 원)

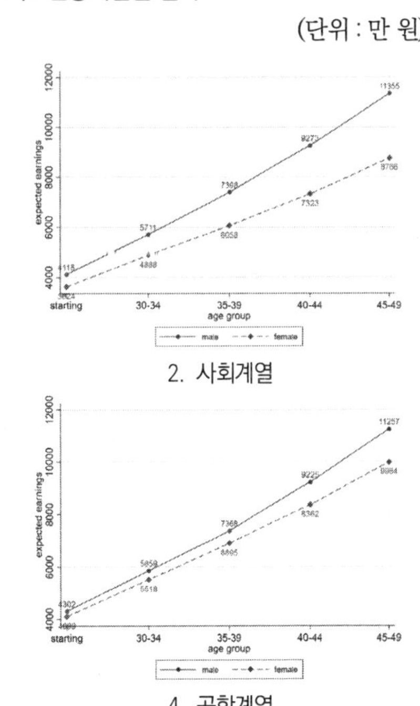

1. 인문계열

2. 사회계열

3. 교육계열

4. 공학계열

[그림 4-2]의 계속

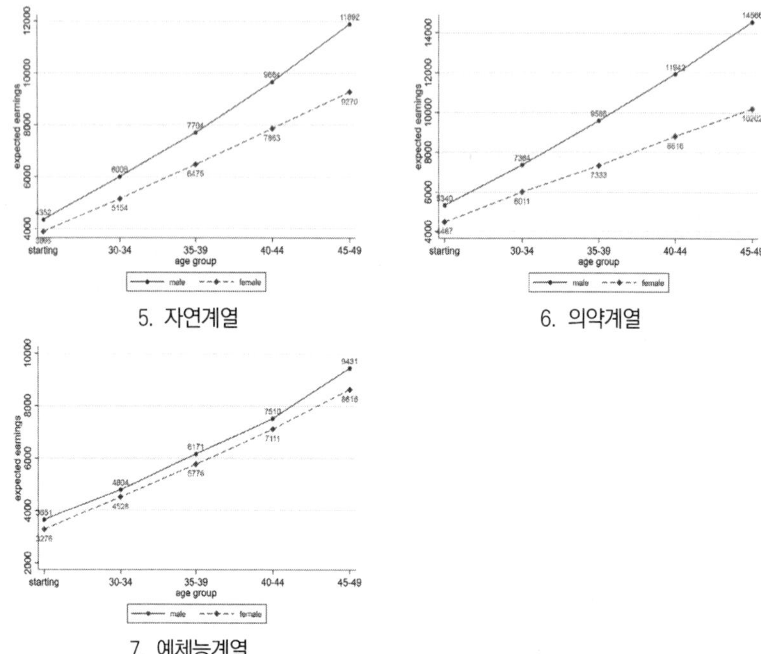

5. 자연계열

6. 의약계열

7. 예체능계열

주 : 실선은 남성, 점선은 여성 평균을 나타냄.

희망하는 일자리 취업시 예상하는 기대 임금 궤적은 전공별로도 차이를 보인다. 성별 예상 임금 궤적의 격차는 예체능계열과 공학계열에서 작게 나타나고, 의약계열에서 비교적 크게 나타난다. 예상 초임의 성별 격차가 가장 크게 나타나는 전공은 6.의약계열(853만 원)과 3.교육계열(601만 원)이다. 두 전공은 기대 임금 상승률의 격차도 가장 크게 나타난다.

2. 노동시장 평균 임금에 대한 예상

다음은 본인의 임금이 아닌 노동시장에서 평균적으로 형성되어 있는 임금에 대해 예측하는 질문을 제시하였다. 응답자가 취업을 희망하는 일자리에서 동일한 전공을 가진 4년제 대졸자가 받을 것으로 예상하는 평균 연봉을 남녀 근로자를 구분하여 연령대별로 예측값을 응답한다. [그림 4-3]의 A는 남학생이 생각하는 남녀 노동시장 평균 임금 궤적이고 B는 여학생이 생각하는 남녀 노동시장 평균 임금 궤적이다.

[그림 4-3] 노동시장 평균 임금 궤적에 대한 남녀 생각

(단위 : 만 원)

(A. 남성이 생각하는 남녀 노동시장 평균 임금 궤적)

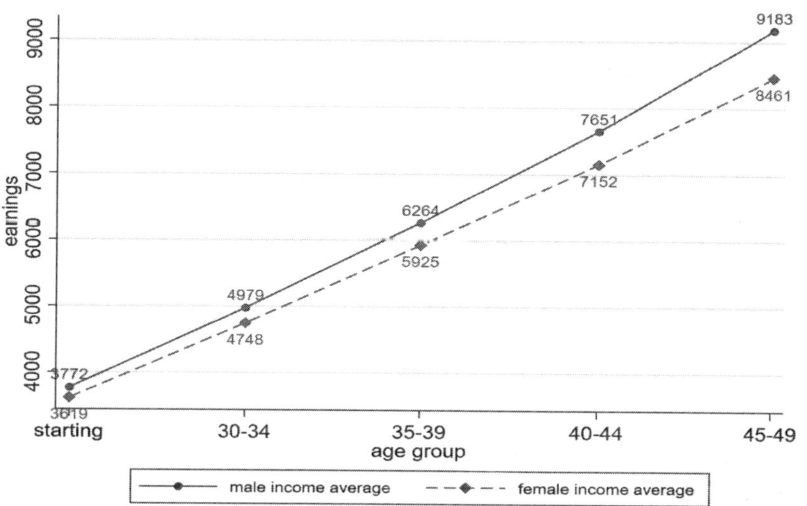

(B. 여성이 생각하는 남녀 노동시장 평균 임금 궤적)

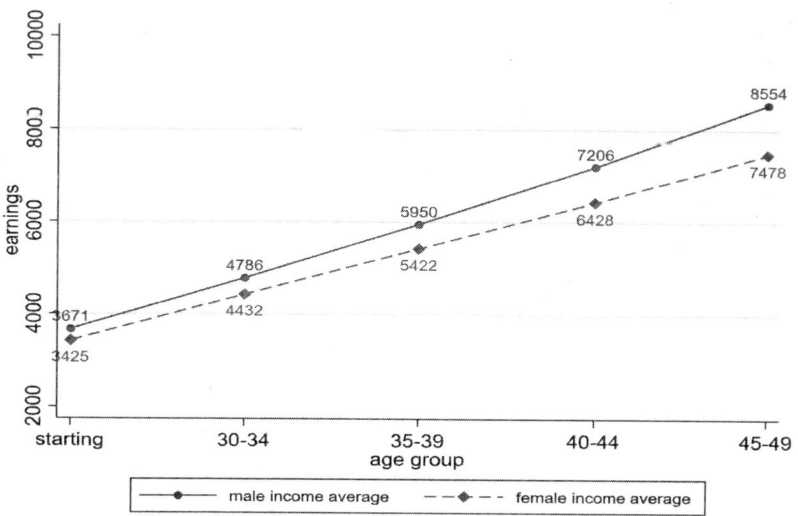

주: 취업을 희망하는 직종에서 동일한 전공을 가진 4년제 대졸자가 받을 것으로 예상하는 평균 연소득을 성별로 나누어 응답.

남학생과 여학생 응답자 모두 남성의 노동시장 평균 임금이 여성보다 높을 것이라고 예상한다. 남학생은 여학생보다 남녀 평균 임금을 더 높게 예상하고 있고, 연령에 따른 임금 증가율에 대해서도 더 긍정적으로 예상하고 있음을 알 수 있다. 남성 근로자의 생애 임금보다 여성 근로자의 생애 임금에 대해 여학생 응답자는 남학생 응답자보다 더 부정적으로 인식하고 있다. 예컨대, 남학생은 남성 근로자 초임을 3,772만 원으로 예상하고 여학생은 남성 근로자 초임을 3,671만 원으로 예상하고 있어 남학생이 여학생 응답자보다 남성 근로자 초임을 100만 원가량 더 높게 예상한다. 여성 근로자 평균 초임에 대해서는 남학생 응답자는 3,619만 원, 여학생 응답자는 3,425만 원을 여성 평균 초임으로 예상하여 남학생 응답자가 여학생 응답자보다 여성 근로자 초임을 194만 원가량 높게 예상하고 있다.

40대 후반 동일한 전공 근로자 임금에 대해서 남학생 응답자는 40대 후반 여성 근로자 평균 임금을 8,461만 원으로, 여학생 응답자는 7,478만 원으로 예상하여 두 응답 사이에 약 1천만 원의 차이가 나타났다. 노동시장 진입 전 청년 여성은 청년 남성에 비해 평균적으로 여성의 노동시장 상황을 더 부정적으로 인식하고 있다.

남녀 모두 노동시장에서 평균적으로 여성의 임금이 남성보다 낮고, 임금 상승률도 낮을 것이라고 예상한다. 그 원인이 무엇일지 묻는 문항에 대해 남학생과 여학생의 견해 차이가 존재하였다. 〈표 4-3〉은 동일한 직종에서 동일한 학력 조건을 가진 남성과 여성의 임금 차이가 발생한다면 그 원인이 무엇일지 2개까지 중복 응답을 허용하여 질문한 결과이다. 6개의 제시된 개별 원인에 대해서는 남성과 여성 모두 출산과 자녀 양육 부담의 차이를 가장 큰 원인으로 꼽았다.

〈표 4-3〉에 제시된 원인 중 2, 3, 4번에 해당하는 내용은 여성과 남성의 선호/성향 차이에 관한 원인으로 묶을 수 있다. 남성 응답자의 46%는 남성과 여성의 선호/성향 차이로 인해 임금 격차가 발생한다고 응답하였으나 여성 응답자는 15%만이 선호/성향 차이를 임금 격차의 원인으로 꼽았다. 한편, 여성 응답자의 35.1%는 노동시장에서 성차별이 존재한다고 생각했으나 남성의 경우 노동시장에서 성차별이 존재한다고 생각하는 응답자는 6.6%에 불과했다. 또한 남성의 19.2%는 남녀 업무 능력의 차이가 존재한다고 응답

〈표 4-3〉 남녀 임금 격차 원인에 대한 의견

(단위 : %)

	남성	여성	전체
1. 출산과 자녀 양육 부담의 차이	25.2	43.2	37.7
2. 여성이 적은 업무량 선호	18.6	3.9	8.4
3. 여성이 업무에 대한 선호를 중시	14.5	4.1	7.3
4. 여성이 안정적인 업무 환경과 관계를 중시	12.9	7.3	9.0
5. 노동시장에서의 차별 존재	6.6	35.1	26.4
6. 평균적인 업무 능력의 차이	19.2	4.3	8.9
7. 기타	3.0	2.1	2.4
전 체	100	100	100

주 : 2개까지 중복 선택을 허용한 결과.
자료 : 자체 설문조사.

했으나 여성의 경우 남성과 여성의 업무 능력 차이가 존재한다고 생각하는 여성은 4.3%에 불과하여 큰 차이를 보였다.

[그림 4-4]는 본인의 생애 임금에 대한 기대[28]와 같은 일자리에 근무하는 동일 전공 근로자가 평균적으로 받을 것으로 예상하는 임금 궤적[29]에 대한 차이를 보여준다. [그림 4-4]의 A는 남학생이 생각하는 본인의 임금 궤적 기댓값(실선), 노동시장에서 동일한 일자리 동일한 전공 남성 근로자가 평균적으로 받을 것으로 예상하는 임금(점선)을 나타내고 B는 동일하게 여성에 대한 평균값들을 보여준다. 남성과 여성 모두 본인의 임금이 동일 전공 근로자의 평균 임금보다 더 높을 것으로 예상하고 있다. 그리고 본인의 임금 기댓값과 노동시장 평균 임금에 대한 격차는 남성 응답자가 여성 응답자보다 더 크게 나타나 남성이 여성에 비해 본인에 대한 평가를 더 긍정적으로 하고 있음을 알 수 있다.

28) [그림 4-1]과 동일.
29) [그림 4-3]과 동일.

[그림 4-4] 본인의 예상 임금 궤적과 노동시장 평균 임금 궤적의 예상값

A. 남성

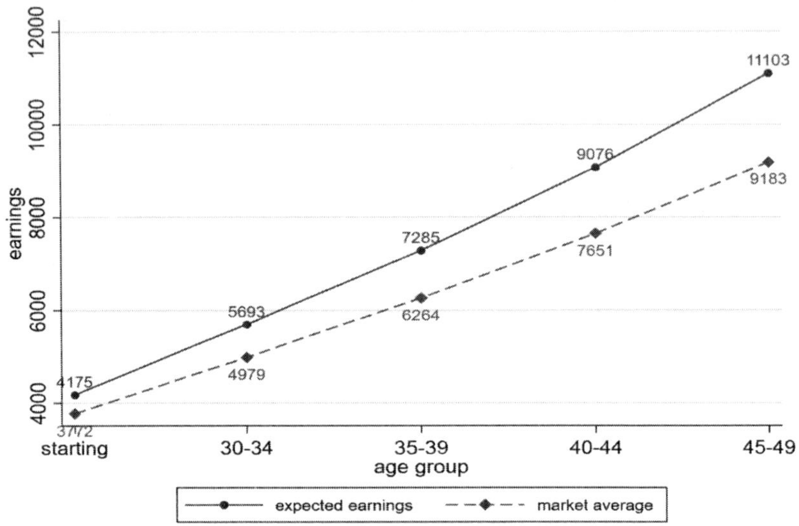

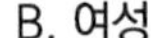
B. 여성

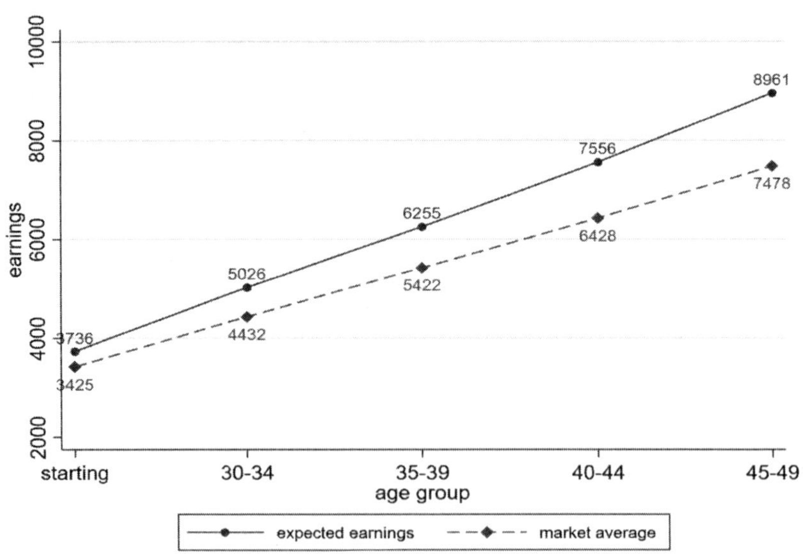

주 : 희망하는 직종에 취업할 때 받을 것으로 예상하는 본인의 임금 궤적(실선)과 취업을 희망하는 직종에서 동일한 전공을 가진 4년제 대졸자가 받을 것으로 예상하는 노동시장 평균 임금 궤적(점선) 비교.

3. 요약 통계

〈표 4-4〉는 이후 분석에서 사용한 변수들의 요약 통계이다. 본인 및 노동시장 평균 예상 임금에 관한 요약 통계는 앞서 그림들로 제시하였으므로 표에서는 제시하지 않는다. 남녀 학생 모두 8학기 재학 중인 학생 비율이 약 85% 정도로 다수이다. 남성의 91%, 여성의 92%는 2025년 졸업을 목표하고 있다. 아버지의 학력이 전문대학 이상인 비율은 남성 67.4%, 여성 66.4%이고 어머니의 학력이 전문대학 이상인 비율은 남성 54.9%, 여성 56.7%이다. 부모님의 월 소득 평균은 남성 689만 원, 여성 694만 원이다. 부모님과 함께 살고 있는 학생 비율은 남성 58.3%, 여성 64.0%로 여성이 높다. 거주 형태를 제외하고 다른 변수들은 남학생과 여학생의 평균 차이가 두드러지지 않는다.

100점으로 환산한 평균 평점은 남성 84.3점, 여성 86.1점으로 여성이 남성보다 높다. 주된 일자리에서의 희망 은퇴 연령 평균은 남성 61.6세, 여성 59.7세로 남성이 여성보다 많다. 결혼 희망 여부는 결혼에 대해 희망하는 정도를 7점 척도로 물었을 때 5점 이상의 값을 응답한 사람 비율이다. 남성은 71.5%, 여성은 58.2%가 결혼을 희망하는 것으로 응답하였다. 희망 자녀 수는 0을 포함하는데, 남성은 1.6명 여성은 1.3명으로 나타난다. 결혼과 희망 자녀 수를 통해 여성보다 남성이 가족 형성에 대한 선호가 높음을 알 수 있다.

주관적 자기 평가, 취업 준비 정도, 위험 선호, 불안감, 커리어 중요도는 모두 7점 척도로 응답한 값이고, 남성과 여성의 심리적 특성(성향) 차이를 언급할 때 주로 사용되는 변수들이다. 주관적 자기 평가는 "대학 동기들과 비교하여 본인의 능력과 경쟁력이 높은지" 묻는 문항이고 7점에 가까울수록 본인의 능력을 긍정적으로 평가한다는 뜻이다. 취업 준비 정도는 "희망하는 일자리에 취업하기 위한 준비가 어느 정도 되었는지" 스스로 평가하는 문항이고 마찬가지로 7점에 가까울수록 긍정적으로 평가하고 있음을 뜻한다. 두 문항은 응답자 본인의 능력과 상태에 대해 얼마나 낙관적으로 인식하고 있는지 나타낸다.

남성의 경우 동기 대비 능력은 4.87점, 취업 준비 정도는 4.71점으로 응답했다. 여성은 동일한 문항에 대해 각각 4.78점, 4.57점으로 응답했다. 선행연구에서 보여지는 바와 같이 남성이 여성보다 본인의 능력과 상태에 대해 긍정적으로 평가하고 있었다. 두 집단의 평균 차이는 동기 대비 능력은 5% 수준에서, 취업 준비 정도는 1% 수준에서 통계적으로 유의한 차이이다.

위험 선호는 “전반적인 상황에서 본인의 위험 감수 정도”가 어느 정도인지를 묻는 문항으로 7점에 가까울수록 위험 선호, 1점에 가까울수록 위험 회피를 의미한다. 남성은 4.48점, 여성은 3.94점으로 남성은 중립(4점)보다 높고 여성은 중립보다 낮은 점수를 응답하여 남성보다 여성이 더 위험 회피적임을 알 수 있다.

불안감은 “시험이나 과제 제출을 앞두고 제때 마칠 수 있는 준비가 되어 있지 않으면 얼마나 불안감을 느끼는지” 질문하였고 7점에 가까울수록 불안감이 높음을 의미한다. 남성은 4.88점, 여성은 5.23점으로 남성보다 여성의 불안감이 더 높은 점수를 보인다.

“본인의 삶에서 커리어 목표를 달성하는 것이 얼마나 중요한지” 묻는 문항에서 남성은 5.13점, 여성은 5.40점으로 나타났다. 점수가 7점에 가까울수록 커리어가 매우 중요함을 의미한다. 여성은 남성보다 본인의 커리어에 더 높은 가치를 부여하는 것으로 나타났다. 동일하게 “본인의 삶에서 자녀를 낳고 가족을 이루는 것은 얼마나 중요한지” 묻는 문항에서는 남성이 4.98점, 여성이 4.15점으로 응답하여 남성과 여성 모두 평균적으로는 본인의 커리어를 가족 형성보다 더 중요하게 생각하는 것으로 나타났다. 하지만 남성은 여성보다 가족 중요도에 대한 점수 평균이 높고, 여성은 남성보다 커리어 중요도에서 점수 평균이 높다. 이 차이는 통계적으로 유의한 차이이고, 이는 앞서 남성이 여성보다 결혼과 자녀에 대한 열망이 더 높았던 것과 연결하여 살펴볼 만한 결과이다. 평균적으로 상위권 대학이 많은 수도권 4년제 대학에 재학 중인 학생들은 가족 형성보다 커리어 목표 달성에 더 큰 가치를 두고 있고, 남학생보다 특히 여학생에게서 그 성향이 더 뚜렷하게 나타난다.

유보임금은 남성이 여성보다 337만 원 더 높은데, 남성의 평균 유보임금은 3,545만 원, 여성의 유보임금은 평균 3,208만 원이다. 예상 여성(남성) 임금 상승률은 본인의 임금 궤적이 아닌, 노동시장에서 형성되어 있을 것으로 예상하는 연령대별 평균 임금 궤적에서의 임금 상승률이다. 이는 40대 후반 근로자의 예상 임금을 예상 초임으로 나눈 값이다. 남학생은 40대 후반 여성 근로자의 임금에 대해 초임보다 2.34배 높은 임금을 받을 것으로 예상하

〈표 4-4〉 설문조사 요약 통계

	남성		여성	
	평균	표준편차	평균	표준편차
재학학기 7학기	0.163	(0.37)	0.151	(0.36)
재학학기 8학기	0.837	(0.37)	0.849	(0.36)
졸업예상연도 2025	0.907	(0.29)	0.922	(0.27)
졸업예상연도 2026	0.068	(0.25)	0.060	(0.24)
졸업예상연도 2027	0.025	(0.15)	0.018	(0.13)
부학력 대졸 이상	0.674	(0.47)	0.664	(0.47)
모학력 대졸 이상	0.549	(0.50)	0.567	(0.50)
부모 월평균 소득	689.332	(427.33)	693.664	(451.65)
부모님과 함께 거주 여부	0.583	(0.49)	0.640	(0.48)
평점(100점 환산)	84.296	(10.01)	86.097	(8.79)
희망 은퇴연령	61.637	(6.81)	59.716	(7.49)
결혼희망 여부	0.715	(0.45)	0.582	(0.49)
희망자녀 수	1.645	(0.77)	1.286	(0.87)
주관적 자기 평가	4.873	(1.23)	4.776	(1.27)
취업 준비 정도	4.710	(1.23)	4.573	(1.27)
위험선호	4.475	(1.31)	3.944	(1.36)
불안감	4.879	(1.40)	5.232	(1.34)
커리어 중요도	5.131	(1.24)	5.402	(1.20)
가족 중요도	4.982	(1.54)	4.153	(1.88)
유보임금(연소득, 만 원)	3,544.63	(1,129.42)	3,207.65	(909.92)
예상 여성 임금상승률	2.341	(1.05)	2.187	(1.14)
예상 남성 임금상승률	2.441	(1.14)	2.338	(1.19)

주 : 결혼 희망 여부는 결혼에 대해 희망하는 정도(7점 척도, 4점=보통)가 5점 이상인 경우. 희망 자녀 수는 0 포함. 동기 대비 능력, 취업 준비 정도, 위험 선호, 불안감, 커리어 중요도는 모두 7점 척도 응답. 주관적 자기 평가는 같은 전공의 또래들과 비교한 본인의 능력과 경쟁력에 대한 평가로 점수가 높을수록 긍정적으로 평가. 위험 선호는 전반적인 상황에서 본인의 위험 감수 정도를 묻는 문항으로 점수가 높을수록 위험을 선호. 불안감은 점수가 높을수록 불안감이 높음을 의미. 커리어(가족) 중요도는 점수가 높을수록 커리어 목표 달성(가족 형성)을 중요하게 인식함을 의미. 예상 임금상승률은 40대 후반 평균 임금 예상값을 초임 평균 예상값으로 나눈 값.

자료 : 자체 설문조사.

고 여학생은 2.19배 높은 임금을 받을 것으로 예상한다. 남학생은 남성 임금에 대해 40대 후반에 초임보다 2.44배 높은 임금을 받을 것으로 예상하고 여학생은 2.34배의 임금 상승률을 예상한다. 여학생보다 남학생이 노동시장 남녀 임금 궤적에 대해 더 높은 임금 상승률을 예상하고 있고, 임금 상승률의 남녀 격차는 남학생보다 여학생이 더 비관적으로 예상하고 있는 것으로 나타난다. 남학생은 여성의 임금 상승률이 남성의 임금 상승률보다 평균 10%p(2.34-2.44=-0.10) 낮을 것으로 예상하고 여학생은 여성의 임금 상승률이 남성의 임금 상승률보다 평균 15.2%p(2.19-2.34=-0.15) 낮을 것으로 예상한다.

제4절 생애 임금에 대한 기대와 첫 일자리 유보임금

1. 성별 유보임금 격차

생애 임금에 대한 기대가 유보임금에 미치는 영향을 살펴보기에 앞서 설문조사 결과에서 관찰되는 성별 유보임금 격차를 추정하여 기존 대졸자 직업이동 경로조사에서 추정한 결과와 동일한지 먼저 확인하고자 한다. 종속변수는 첫 일자리 유보임금의 로그값이고, 주요 설명변수는 여성을 나타내는 더미변수이다. 기본 통제변수는 재학 학기(7학기 또는 8학기), 대학 소재지(서울, 인천, 경기), 졸업 예정 연도이고, 기본 통제변수만 포함한 결과는 첫 번째 열에 제시되어 있다. 나머지 열들은 아래 제시된 변수들을 추가하며 추정한 성별 유보임금의 격차이다.

전공은 7개의 전공계열 더미변수를 포함한다. 가족 배경은 부모님 학력, 소득, 거주 형태(부모님과 함께 사는지 여부), 출생지역 더미변수를 포함한다. 학교생활은 평균 평점과 인턴 경험 유무를 포함한다. 계획은 가족 및 경력에 대한 계획을 의미하고, 희망하는 자녀 수(자녀를 희망하지 않을 경우 0), 주된 일자리 예상 은퇴 연령, 희망하는 일자리가 속한 산업군 더미변수(19개)를 포함한다. 마지막으로 성향은 개인 특성 및 가치관을 의미하며 모두 7점 척도로 응답한다. 성향 변수는 다음의 5가지 변수를 포함한다: 대학 동기 대비 본인의 능력 또는 경쟁력 정도(높을수록 7점), 희망하는 일자리 취업 준비 정도(준비가 잘 되어 있을수록 7점), 위험 선호(위험 선호가 높을수록 7점), 일을 제때 마칠 준비가 되어 있지 않을 때 느끼는 불안감 정도(불안감이 높을수록 7점), 마지막으로 본인의 삶에서 커리어가 중요한 정도(중요할수록 7점)이다.

결과를 살펴보면, 기본 모형에서 여성은 남성보다 9.2% 낮은 유보임금을 보인다. 전공계열을 통제했을 때 유보임금 격차는 6.9%로 감소하고, 이후 가족 배경, 학교생활을 추가로 통제하더라도 성별 유보임금 격차는 크게 변하지 않는다. 전공계열 통제를 통해 유보임금 격차가 크게 감소했다는 사실은 성별 전공 분리가 경력 초기 임금에 여전히 큰 영향을 미침을 함의한다. 앞서 대졸자 직업이동 경로조사를 통해 추정한 4년제 대학 졸업생의 졸업전 유보임금 성별 격차는 졸업 코호트와 대학 소재지만 통제한 기본 모형에서 -0.117, 가족 배경, 학교생활, 전공계열을 통제한 모형에서는 -0.095로 나타났다. 대졸자 직업이동 경로조사 분석 시에도 가족 배경과 학교생활 변수는 유보임금 격차 감소에 큰 영향을 주지 않는 것으로 나타났다.

설문조사는 2024년 수도권 대학 재학생들을 기준으로 하고 대졸자 직업이동 경로조사는 전국 대학의 2011~2018년 졸업 코호트를 대상으로 하므로 두 결과를 동일한 기준에서 비교할 수는 없다. 하지만 분석 기간의 차이에도 불구하고 4년제 대학 졸업 예정자들의 성별 유보임금 격차는 유의하게 큰 수준으로 유지됨을 알 수 있다. 더불어 가족 배경과 학교생활 변수가 성별 유보임금 격차를 크게 설명하지 않음도 두 데이터 분석에서 동일하게 나타난 결과이다.

가족 및 커리어 계획을 통제하면 유보임금 격차는 5.3%까지 감소한다. 그리고 선행연구에서 많이 고려하는 위험 선호, 본인 능력에 대한 주관적 평가, 시간 선호(불안감), 커리어 지향성 변수를 추가로 통제하면 성별 유보임금 격차는 4.5%까지 감소한다. 이는 Cortés et al.(2023)을 비롯하여 여성과 남성의 심리적 성향 차이가 유보임금에 영향을 미친다는 선행연구의 결론을 일부 뒷받침한다. 상대적으로 경쟁력 있는 대학의 재학생이고, 전공 및 목표하는 일자리 특성, 개인의 심리적 성향까지 통제했음에도 불구하고 노동시장 진입을 앞둔 여성은 남성보다 5%가량 낮은 유보임금을 생각하고 있다.

가족과 커리어 계획을 추가할 때 유보임금 격차가 크게 감소하는 모습을 볼 수 있다(5열부터 해당). 여기에서 다른 변수들보다 희망하는 일자리가 속한 산업을 통제할 때 유보임금 격차가 크게 감소했다. 앞서 제3장에서 남성과 여성 대졸 근로자의 연령에 따른 남녀 임금 증가율 격차가 산업별로 이질적인 모습을 나타냄을 보인 바 있는데, 두 결과는 미래 임금 증가율 격차에 대한 기대가 유보임금에 영향을 미칠 수 있다는 본 연구의 주제와 일맥상통하는 결과이다.

다음은 남성과 여성 표본을 나누어 각 요인들이 유보임금 결정에 얼마나 영향을 주는지 살펴본다. 남성과 여성 표본 각각에 대해 유보임금의 로그값을 종속변수로 하고 〈표 4-5〉의 (6) 열에 포함된 모든 설명변수를 넣어 각각의 요인이 유보임금 결정에 유의한 영향을 미치는지 추정하였다. 결과는 〈표 4-6〉에 제시한다.

〈표 4-5〉 성별 유보임금 격차

	(1)	(2)	(3)	(4)	(5)	(6)
여성	-0.092***	-0.069***	-0.065***	-0.069***	-0.053***	-0.045***
	(0.009)	(0.009)	(0.009)	(0.009)	(0.009)	(0.010)
평균	3544.6	3544.6	3544.6	3544.6	3544.6	3544.6
N	4345	4345	4345	4345	4345	4345
전공		Y	Y	Y	Y	Y
가족배경			Y	Y	Y	Y
학교생활				Y	Y	Y
계획					Y	Y
성향						Y

주 : 종속변수는 유보임금의 로그값. 평균은 남성 유보임금의 평균을 의미함. 재학 학기(7학기 또는 8학기), 대학 소재지(서울, 인천, 경기도), 졸업 예상 연도 고정효과는 모든 모형에 포함. 표준오차는 괄호 안에 제시하고 이분산이 교정된 강건표준오차(robust standard error) 사용.

* p〈0.10, ** p〈0.05, *** p〈0.01.

자료 : 자체 설문조사.

전공계열별로 살펴보면 남녀 학생 모두 인문계열에 비해 공학계열, 자연계열, 의약계열 전공자들의 유보임금이 높다. 여학생의 경우 인문계열과 사회계열 전공자 사이에 유보임금 차이는 없으나 남학생의 경우 인문계열 전공자에 비해 사회계열 전공자의 유보임금이 6.6% 높다. 공학계열과 자연계열은 인문계열에 비해 유보임금이 높고 여학생보다 남학생의 계열별 유보임금 차이가 더 크다.

가족 배경보다는 학교생활 성과가 유보임금과 더 관련이 있는 것으로 보인다. 여성의 경우 아버지의 학력이 유보임금과 관련이 있지만 가족 배경은 대체로 유보임금에 영향을 주지 않는다. 한편, 평균 평점이 높을수록 유보임금이 높아진다. 평전이 1% 증가할 때 여학생의 유보임금은 0.09%, 남학생의 유보임금은 0.20% 증가하여 성적은 여학생보다는 남학생의 유보임금에 더 큰 영향을 주는 것으로 나타난다. 재학 중 인턴 경험은 남학생의 경우에만 유보임금에 유의한 영향을 미친다.

희망 자녀 수는 여학생의 유보임금과는 유의한 관계가 없지만 남학생의 경우 희망 자녀 수가 많을수록 유보임금이 높아지는 경향이 있다. 남녀 모두 본인의 능력을 높게 평가할수록 유보임금이 높고, 불안감을 높게 느낄수록 유보임금이 낮다. 위험 선호와 커리어 중요도는 여학생의 경우에만 유보임금과 유의한 관련이 있다. 여성은 위험 회피도가 낮을수록 유보임금이 높고, 본인의 삶에서 커리어 중요도를 높게 인식할수록 유보임금이 높다.

〈표 4-6〉 유보임금에 영향을 주는 요인

		여성	남성
전공계열 (인문계열 대비)	사회계열	0.018 (0.012)	0.066** (0.026)
	교육계열	-0.035 (0.029)	0.119* (0.070)
	공학계열	0.085*** (0.016)	0.131*** (0.025)
	자연계열	0.052*** (0.019)	0.108*** (0.032)
	의약계열	0.230*** (0.026)	0.239*** (0.062)
	예체능계열	-0.060*** (0.018)	0.020 (0.037)

〈표 4-6〉의 계속

		여성	남성
가족 배경	부대학 여부	0.023** (0.010)	0.005 (0.018)
	모대학 여부	-0.000 (0.010)	-0.005 (0.017)
	부모소득(로그)	0.002 (0.002)	0.006* (0.004)
학교 생활	평점(로그)	0.091** (0.041)	0.200*** (0.063)
	인턴경험	0.009 (0.009)	0.028* (0.016)
가족/커리어 계획	희망자녀 수	0.005 (0.005)	0.018* (0.010)
	예상 은퇴연령	-0.001 (0.001)	-0.001 (0.001)
성향, 가치관	본인의 능력	0.021*** (0.005)	0.016* (0.008)
	취업 준비정도	0.014*** (0.005)	0.017** (0.008)
	위험 선호	0.006* (0.003)	-0.000 (0.006)
	불안감	-0.008** (0.003)	-0.013** (0.006)
	커리어 중요도	0.008** (0.004)	0.011 (0.008)
	obs	3,042	1,303

주 : 종속변수는 유보임금의 로그값. 본인 재학 학기(7학기 또는 8학기), 대학 소재지(서울, 인천, 경기도), 졸업 예상 연도 고정효과, 출생 지역(수도권, 광역시, 그 외로 구분), 거주 형태, 희망하는 일자리가 포함된 산업은 포함하였으나 결과는 보고하지 않음. 표준오차는 괄호 안에 제시하고 이분산이 교정된 강건 표준오차(robust standard error) 사용.

* $p<0.10$, ** $p<0.05$, *** $p<0.01$.

자료 : 자체 설문조사.

2. 업무량 및 성과에 대한 기대

본 연구에서는 여성이 남성보다 미래 노동력 투입과 성과에 대해 부정적인 기대를 할 것이라는 가정 아래 논의를 시작하였다. 선행연구에 기초하여 그 원인으로는 남성과 여성의 성향 차이(예, 주관적 자기 평가, 위험 선호, 일 외의 시간에 대한 가치, 관계에 대한 가치 등)와 출산으로 인한 영향을 생각해 볼 수 있다. 설문조사에서는 실제 여학생들이 남학생들에 비해 미래 업무량과 성과에 대해 부정적인 예상을 하고 있는지 질문을 통해 알아보았다.

구체적으로 (1) 나의 업무량이 다른 사람보다 적어 임금 증가율이 평균보다 낮을 가능성과 (2) 나의 성과가 다른 사람보다 낮아 임금 증가율이 평균보다 낮을 가능성이 얼마나 되는지 7점 척도로 질문하였다. 업무량과 성과가 높아 본인의 임금 증가율이 평균보다 높을 것으로 생각할수록 7점에 가까운 전수를 응답하고, 보통일 경우 4점, 본인의 임금 증가율이 평균보다 낮을 가능성이 높다면 1점에 가까운 점수를 응답한다.

여기서 보통 (4점) 미만으로 응답한 경우 본인의 미래 업무량과 성과에 대해 부정적으로 예상하고 있다고 정의하고, 이를 나타내는 더미변수를 만들었다. 즉, 미래 본인의 노동력과 생산성에 대해 적은 업무량, 적은 성과를 예상하면 1의 값을 가지는 더미변수를 만들고 여성이 남성보다 향후 업무량과 성과에 대해 부정적인 기대를 형성하고 있는지 추정해 보았다. 종속변수는 적은 업무량과 낮은 성과를 나타내는 더미변수이고, 주요 설명변수는 여성을 나타내는 더미변수이다. 기본 모형은 현재 재학 학기(7학기 또는 8학기), 대학 소재지(서울, 인천, 경기), 예상 졸업 연도, 7개 전공계열을 포함한다. 위와 동일하게 가족 배경, 학교생활, 가족 및 커리어 계획 관련 변수를 차례로 추가하며 향후 노동력과 성과에 대한 기대의 성별 격차를 추정하였다.

〈표 4-7〉의 결과를 살펴보면 여성은 남성보다 향후 평균보다 적은 업무량을 투입하고 낮은 성과를 예상하고 있음을 알 수 있다. 평균보다 적은 업무량으로 인해 낮은 임금 증가율을 경험할 것이라고 응답한 비율은 여성이 남성보다 3.3%p 높고, 평균보다 성과가 낮아 임금 증가율이 낮을 것이라고 예상한 비율은 여성이 남성보다 5.3% 높다. 향후 노동력과 생산성 기대에 대한 성별 격차는 가족 배경, 학교생활, 가족 형성 및 커리어 계획을 통제하여도 비슷한 수준으로 유지된다. 취업 희망 산업을 통제하였을 때 유보임금의 격차는 감소하였지만 향후 업무량과 성과에 대한 기대 차이는 취업 희망 산업이 추가로 통제되어도 큰 영향을 받지 않았다.

〈표 4-7〉 남성과 여성의 향후 업무량과 생산성에 대한 기대 차이

	적은 업무량			낮은 성과		
	(1)	(2)	(3)	(4)	(5)	(6)
여성	0.033** (0.013)	0.035*** (0.014)	0.031** (0.014)	0.053*** (0.013)	0.056*** (0.013)	0.052*** (0.014)
평균	0.186	0.186	0.186	0.168	0.168	0.168
N	4345	4345	4345	4345	4345	4345
전공	Y	Y	Y	Y	Y	Y
가족배경		Y	Y		Y	Y
학교생활		Y	Y		Y	Y
계획			Y			Y

주 : 종속변수는 평균보다 적은 업무량, 낮은 성과를 예상하는 경우 1의 값을 가지는 더미변수. 현재 재학 학기(7학기 또는 8학기), 대학 소재지(서울, 인천, 경기도), 졸업 예상 연도 고정효과는 모든 모형에 포함하였으나 결과는 보고하지 않음. 평균은 종속변수의 평균값을 나타냄. 표준오차는 괄호 안에 제시하고 이분산이 교정된 강건 표준오차(robust standard error) 사용.

* p〈0.10, ** p〈0.05, *** p〈0.01.

자료 : 자체 설문조사.

〈표 4-8〉 향후 적은 업무량을 예상하는 이유

(단위 : 명, %)

	남성		여성	
	수	비율	수	비율
출산과 자녀 양육	83	(12.59)	478	(30.58)
적은 업무량 선호	150	(22.76)	220	(14.08)
업무 능력의 차이	257	(39.00)	332	(21.24)
업무에 대한 선호 중시	121	(18.36)	190	(12.16)
노동시장에서의 차별	44	(6.68)	325	(20.79)
기타	4	(0.61)	18	(1.15)
전 체	659	(100.00)	1,563	(100.00)

자료 : 자체 설문조사.

동일한 질문에서 4점 이하의 값으로 응답한 학생들(본인의 향후 업무량과 성과가 평균보다 낮을 가능성에 대해 보통 또는 낮을 가능성이 높다고 응답)에 대해 그렇게 예상하는 가장 중요한 원인을 후속 질문으로 물었다.

〈표 4-8〉과 〈표 4-9〉는 각각 적은 업무량과 낮은 성과를 예상하는 이유에 대한 응답 결과를 보여준다. 업무량에 대한 기대에서 보통 또는 적은 업무량을 예상하는 남성은 전체 응답자 1,303명 중 659명(50.6%)이고, 여성은 전체 응답자 3,042명 중 1,563명(51.4%)이다. 성과에 대한 기대에서 보통 또는 낮은 성과를 예상하는 남성은 전체 1,303명 중 586명(45.0%)이고, 여성은 3,042명 중 1,465명(48.2%)이다.

향후 적은 업무량을 예상하는 여성 응답자 중 31%는 출산과 자녀 양육을 가장 큰 원인으로 꼽았고, 업무 능력의 차이(21%)와 노동시장에서의 차별(21%)이 그 뒤를 이었다. 향후 적은 업무량을 예상하는 남성 응답자는 39%가 업무 능력의 차이를 그 원인으로 꼽았고, 23%는 적은 업무량을 선호하기 때문이고 응답하였다. 여성과 달리 노동시장에서의 차별을 응답한 남성은 6.7%에 불과하였다.

낮은 성과에 대한 예상과 관련하여서도 여성은 출산과 자녀 양육(28%), 업무 능력의 차이(30%), 노동시장에서의 차별(22%)을 중요한 원인으로 응답하였다. 남성은 대부분 업무 능력의 차이(49%)를 예상의 원인으로 응답하였고, 업무의 중요도보다 선호에 따라 업무를 선택하는 성향 때문이라는 응답은 19%로 두 번째로 높은 비율을 보였다.

〈표 4-9〉 향후 낮은 성과를 예상하는 이유

(단위 : 명, %)

	남성		여성	
	수	비율	수	비율
출산과 자녀 양육	67	(11.43)	414	(28.26)
적은 업무량 선호	77	(13.14)	115	(7.85)
업무 능력의 차이	286	(48.81)	436	(29.76)
업무에 대한 선호 중시	113	(19.28)	165	(11.26)
노동시장에서의 차별	39	(6.66)	318	(21.71)
기타	4	(0.68)	17	(1.16)
전 체	586	(100.00)	1,465	(100.00)

자료 : 자체 설문조사.

적은 업무량과 낮은 성과를 예상하는 원인으로 업무 능력의 차이는 남녀 모두 높은 비율을 보이는 공통된 원인이었고, 출산과 자녀 양육, 노동시장에서의 차별은 남성보다는 특히 여성에게서 중요한 원인으로 인식되었다.

3. 임금 상승률에 대한 기대와 유보임금

미래 본인이 희망하는 일자리에 취업하였을 때 예상하는 본인의 임금 상승률이 첫 일자리 유보임금과 유의한 관계가 있는지 살펴보고자 한다. 종속변수는 첫 일자리 유보임금의 로그값이고, 주요 설명변수는 초임 대비 40대 후반 임금 증가율이다. 설문조사에서 본인이 취업을 희망하는 일자리에 취업하여 받을 것으로 예상하는 임금을 초임, 30대 초반, 30대 후반, 40대 초반, 40대 후반 연소득 기준으로 질문하였다. 초임 대비 40대 후반 임금 증가율은 40대 후반에 받을 것으로 기대하는 연소득을 초임(연소득)으로 나눈 값이다. 앞서 언급한 현재 재학 학기, 대학 소재지, 졸업 예상 연도, 전공, 가족배경, 희망 자녀 수, 예상 은퇴 연령, 심리적 성향 관련 변수들을 통제변수로 포함하고 여성과 남성 표본을 나누어 회귀분석을 시행하였다. 〈표 4-10〉의 첫 번째 열은 전체 표본에 대한 결과이고 나머지 두 열은 남성과 여성 표본을 따로 추정한 결과이다.

〈표 4-10〉 40대 후반 임금 증가율 기대와 유보임금 관계

종속변수 : 유보임금(로그)	전체	여성	남성
초임 대비 40대 후반 임금 증가율	-0.014*** (0.004)	-0.013*** (0.005)	-0.017** (0.007)
여성	-0.066*** (0.010)		
임금 증가율 평균	2.472	2.393	2.656
N	4,345	3,042	1,303

주 : 종속변수는 유보임금의 로그값. 주요 설명변수는 본인이 예상하는 본인의 예상 임금 증가율. 현재 재학 학기(7학기 또는 8학기), 대학 소재지(서울, 인천, 경기도), 졸업 예상 연도 고정효과, 전공, 가족배경, 학교생활, 희망 자녀 수, 예상 은퇴 연령, 심리적 성향 관련 변수를 포함한 결과. 표준오차는 괄호 안에 제시하고 이분산이 교정된 강건 표준오차(robust standard error) 사용.
* p〈0.10, ** p〈0.05, *** p〈0.01.

자료 : 자체 설문조사.

먼저, 여성은 남성보다 6.6% 낮은 유보임금을 형성한다. 여성 응답자는 40대 후반 임금이 초임보다 평균 2.4배 많을 것으로 예상하고, 남성은 2.7배 많을 것으로 예상하여 남성이 여성보다 더 높은 임금 증가율을 기대하고 있음을 알 수 있다. 본인이 예상하는 생애 임금 궤적의 기울기가 가파를수록 유보임금은 낮아진다. 초임 대비 40대 후반 임금 증가율이 1%p 증가할 때 유보임금은 0.014% 낮아지는 것으로 나타난다. 남성과 여성을 따로 분석하여도 본인의 임금 증가율에 대한 높은 기대는 유보임금을 낮추는 것으로 나타났다. 취업을 희망하는 일자리에서 본인이 높은 임금 상승률을 기대할수록 경력 초기 임금을 낮추어서라도 그 직업에 들어가는 것이 생애 임금을 높일 수 있기 때문이다.

4. 남녀 임금 증가율 격차에 대한 예상과 유보임금

가. 추정모형

본인의 임금 궤적과는 별개로 현재 노동시장에서 평균적으로 형성되어 있을 것으로 예상하는 임금 궤적에 대한 질문을 통해 노동시장에서 남성과 여성의 임금 궤적 격차가 특히 여성의 유보임금과 유의한 관계를 가지는지 추정해 보았다. 이는 대졸자 직업이동 경로조사와 고용형태별 근로실태조사 데이터를 이용하여 제3장에서 추정한 모형과 유사하다.

$$\ln y_{ijt} = \beta_0 + \beta_1 E_i(\Delta g_{jt}) + \beta_2 \ln(E_i w_{jt}) + X_i^{'}\beta_3 + \epsilon_{ijt} \qquad (4\text{-}1)$$

좌변은 유보임금의 로그값이다. 하첨자 i, j, t는 각각 개인, 취업을 희망하는 일자리 산업, 졸업 코호트를 의미한다. $E_i(\bullet)$는 개인 i가 예상하는 값임을 뜻하는 표기이다. $E_i(\Delta g_{jt})$는 개인이 희망하는 일자리 취업 시 동일 전공 대졸자가 받을 것으로 예상하는 노동시장 평균 임금 궤적의 성별 격차를 나타낸다. 설문조사에서는 노동시장 평균 초임, 30대 초반, 30대 후반, 40대 초반, 40대 후반 남녀 평균 임금의 예상값을 각각 물어 개인이 예상하는 남녀 평균 임금 궤적을 그리고 $E_i(\Delta g_{jt})$는 아래와 같이 정의된다.

$$E_i(\Delta g_{jt}) = E_i g_{jt}^{female} - E_i g_{jt}^{male} \quad (4\text{-}2)$$

$E_i g_{jt}^{female}$는 개인 i가 취업을 희망하는 일자리에서 동일 전공 4년제 여성 대졸자가 받을 것으로 예상하는 임금 궤적의 임금 상승률이다. 즉, 40대 후반 임금 예상값을 초임 예상값으로 나눈 값이다. $E_i g_{jt}^{male}$는 동일하게 남성 임금에 대한 예상 임금 상승률을 의미한다. 제2절에서 보였듯 대체로 여성 근로자의 임금 궤적이 남성 근로자의 임금 궤적보다 낮을 것으로 예상하므로 $E_i(\Delta g_{jt})$는 대체로 음수이고, 0에 가까울수록 임금 궤적의 성별 격차가 작음을 의미한다. 응답자 i는 본인의 성별과 관계없이 노동시장에서 형성되어 있을 것으로 예상하는 남녀 임금 궤적에 대해 응답한다. 본 연구에서는 여성과 남성의 임금 궤적 격차를 작게 예상할수록, ($E_i(\Delta g_{jt})$ 값이 커질수록, 또는 0에 가까울수록) 여성의 유보임금이 낮아질 것이라는 가설을 검증한다.

$E_i w_{jt}$는 희망하는 일자리의 평균 초임에 대한 기댓값으로, 개인 i가 예상하는 남성 임금 초임과 여성 임금 초임의 평균값으로 정의하였다. X_i는 개인 특성 변수 벡터로 재학 학기, 대학 소재지, 졸업 예상 연도, 전공계열, 가족 배경(부모 학력, 거주 형태, 출생지역), 학교생활(평균 평점, 인턴 여부), 가족 및 커리어 계획(희망 자녀 수, 예상 은퇴 연령), 심리적 성향(동기 대비 능력, 취업 준비 정도에 대한 평가, 위험 선호, 불안감, 커리어 중요도)을 포함한다. 표준오차는 이분산이 교정된 강건 표준오차(robust standard error)를 사용하였다.

나. 분석 결과

〈표 4-11〉은 식 (4-1)의 추정 결과를 나타낸다. 처음 세 열은 여성, 마지막 세 열은 남성 표본의 결과이다. 각 표본에서 처음 두 열은 각각 여성과 남성 근로자의 평균 임금 상승률 기댓값만을 포함하여 추정한 결과이고, 세 번째 열은 여성과 남성 근로자에 대한 평균 임금 상승률의 기댓값 격차를 포함하여 추정한 결과이다.

〈표 4-11〉 남녀 평균 임금 궤적에 대한 기대와 유보임금

	여성			남성		
	(1)	(2)	(3)	(4)	(5)	(6)
$E_i g_{jt}^{female}$	-0.010* (0.005)			-0.000 (0.006)		
$E_i g_{jt}^{male}$		-0.005 (0.004)			-0.005 (0.006)	
$E_i(\Delta g_{jt})$			-0.023*** (0.008)			0.026** (0.013)
$\ln(E_i w_{jt})$	0.672*** (0.024)	0.673*** (0.024)	0.676*** (0.024)	0.623*** (0.043)	0.621*** (0.043)	0.623*** (0.043)
N	3,042	3,042	3,042	1,303	1,303	1,303

주 : 종속변수는 유보임금의 로그값. 각 열은 개별 회귀분석 결과를 나타냄. 표준오차는 괄호 안에 제시하고 이분산이 교정된 강건 표준오차(robust standard error) 사용.

* p〈0.10, ** p〈0.05, *** p〈0.01.

자료 : 자체 설문조사.

먼저 희망 일자리의 노동시장 평균 초임에 대한 기댓값이 높으면 남녀 모두 높은 유보임금을 형성한다. 평균 초임에 대한 기대가 유보임금에 미치는 영향은 남성과 여성 두 표본에서 비슷하게 나타난다.

노동시장 진입을 앞둔 여학생들은 여성 근로자의 평균 임금 상승률이 높을 것으로 기대할 때 유보임금을 낮추고, 남성 근로자의 예상 임금 상승률은 여학생의 유보임금에 유의한 영향을 주지 않는다. 노동시장 내 남성 근로자의 평균 임금 상승률이 높을 것으로 기대하더라도 노동시장 진입을 앞둔 남학생들의 유보임금은 유의한 영향을 받지 않는다. 앞서 본인의 임금 궤적에 대한 기대가 유보임금에 미치는 영향과 종합하여 해석하면, 여성은 본인과 노동시장 평균 여성의 임금 상승률이 높을 것이라고 기대할 때 유보임금을 낮춘다. 반면 남성은 본인 임금의 상승률이 높을 것이라고 기대할 때에는 유보임금이 낮아지지만 노동시장 평균 임금 궤적에는 유의한 영향을 받지 않는다.

여학생과 남학생 모두 예상 평균 임금 궤적의 격차에는 유의한 영향을 받는다. 먼저 여학생은 노동시장에서 여성 근로자의 임금 궤적이 남성 근로자의 임금 궤적과 가까울 것으로 기대할 때 ($E_i(\Delta g_{jt})$의 값이 커질 때) 유보임

금이 낮아진다. 반대로 남성은 여성 근로자의 임금 궤적이 남성 근로자의 임금 궤적과 가까울 것으로 기대할 때 유보임금이 커진다. 추정 결과는 여성이 노동시장 진입 전 저성과에 대한 임금 페널티가 적을 것으로 예상되는 일자리의 유보임금을 낮출 유인이 있다는 본 연구의 가설을 뒷받침한다. 반면, 노동시장 진입 전 남성은 노동시장에서 저성과에 대한 임금 페널티가 작을 것으로 예상되는 직업에 대해 오히려 유보임금이 높아지는 것으로 나타난다. 이 결과는 여성과 달리 남성이 성과에 대한 보상체계가 뚜렷한 직업을 선호하는 경향이 있을 수 있음을 함의한다.

〈표 4-12〉는 남성과 여성 표본을 합하여 노동시장에서 형성되어 있을 것으로 예상하는 성별 임금 궤적의 격차가 성별 유보임금 격차에 미치는 영향을 추정한 결과이다. 식 (4-1)에 여성 더미변수와 예상 평균 임금 상승률 격차($E_i(\Delta g_{jt})$)의 교차항을 포함하여 추정하였다. 〈표 4-12〉의 첫 번째 열은 기본 모형에 설명변수로 가족 배경, 학교생활까지만 포함한 결과이고, 두 번째 열은 이에 더해 희망 자녀 수, 희망 은퇴 연령, 심리적 성향 변수까지 모두 포함한 결과이다. 향후 가족 및 경제활동 계획, 심리적 성향을 통제하여도 노동시장에서 예상되는 임금 궤적의 성별 격차가 유보임금에 미치는 영향은 크게 변화가 없다.

〈표 4-12〉 예상하는 남녀 임금 궤적의 격차가 유보임금 격차에 미치는 영향

	(1)	(2)
$E_i(\Delta g_{jt})$	0.025** (0.013)	0.026** (0.012)
여성	-0.064*** (0.008)	-0.066*** (0.008)
여성 $\times E_i(\Delta g_{jt})$	-0.049*** (0.015)	-0.049*** (0.015)
$\ln(E_i w_{jt})$	0.672*** (0.021)	0.658*** (0.021)
계획 및 성향 관련 변수		포함
N	4345	4345

주 : 종속변수는 유보임금의 로그값. 각 열은 개별 회귀분석 결과를 나타냄. 표준오차는 괄호 안에 제시하고 이분산이 교정된 강건 표준오차(robust standard error) 사용.
* p〈0.10, ** p〈0.05, *** p〈0.01.
자료 : 자체 설문조사.

모든 통제변수를 포함한 두 번째 열을 기준으로 살펴보면, 먼저 여성은 남성보다 6.6% 낮은 유보임금을 형성하고 평균 초임에 대한 기대는 유보임금에 긍정적 영향을 미친다. 평균 임금 상승률의 성별 격차가 작을 것으로 예상할수록 남성의 유보임금은 증가한다. 평균 임금 상승률의 성별 격차가 1%p 감소할 때 남학생의 유보임금은 0.026% 증가한다. 여학생의 경우 평균 임금 상승률의 성별 격차가 1%p 감소할 때 유보임금은 0.023% 감소한다. 결론적으로 평균 생애 임금 궤적의 성별 격차가 작아질 것으로 기대할 때 노동시장 진입 전 남성과 여성의 유보임금 격차는 유의하게 증가한다.

5. 생애 임금 궤적 시나리오에 따른 유보임금 변화

조사에서는 가상의 임금 상승률을 제시하고 이에 대한 유보임금을 응답하게 하였다. 첫 번째 상황은 경력 20년 후 임금이 초임 대비 평균 60% 증가하지만 성과에 따라 근로자의 3분의 1은 임금이 20%만 증가한다. 두 번째 상황은 경력 20년 후 임금이 초임 대비 평균 60% 증가하지만 성과에 따라 근로자의 3분의 1은 임금이 40%만 증가한다. 마지막 상황은 경력 20년 후 임금이 초임 대비 평균 80% 증가하지만 성과에 따라 근로자의 3분의 1은 초임 대비 임금이 20%만 증가한다.

성별 임금 궤적의 격차가 유보임금에 영향을 준다면 시나리오1과 비교할 때 저성과에 대한 임금 페널티가 적은 시나리오 2에서 여성의 유보임금이 하락할 가능성이 있다. 시나리오 3 또한 임금 궤적의 격차가 시나리오 1과 비교하여 커지지만 저성과에 대한 임금 궤적이 아닌 평균적인 임금 상승률이 증가하여 임금 궤적의 격차가 커진 상황이다.

$$\ln y_i = \beta_0 + \beta_1 S_2 + \beta_2 S_3 + X_i^{'}\beta_3 + \epsilon_i \qquad (4\text{-}3)$$

여성과 남성 각각에 대해 무작위로 시나리오 1, 2, 3 중 하나를 제시하고 각 상황에서의 유보임금을 응답하도록 하였다. 시나리오 1과 비교하여 시나리오 2와 시나리오 3에서 유보임금이 어떻게 달라지는지 추정하기 위해 식 (4-3)을 이용하였다. S_2와 S_3은 각각 질문으로 시나리오 2와 시나리오 3을 받았는지 여부를 나타내는 더미변수이다. β_1과 β_2는 시나리오 1 대비 시나리오 2와 시나리오 3에서 유보임금 차이가 유의하게 나타나는지 추정한 계수값이다. X_i는 개인 특성 변수들의 벡터이다. 종속변수는 본인이 받은 시나리오하에서의 유보임금이다.

〈표 4-13〉에 결과를 제시한다. 1열은 재학 학기, 예상 졸업 연도, 대학 소재지, 전공계열을 통제한 결과이다. 2열에서는 가족 배경과 학교생활 관련 변수를 추가로 포함하였고, 3열에서는 희망 자녀 수, 희망 은퇴 연령, 심리적 성향 관련 변수까지 포함한 결과이다.

먼저 시나리오1에서의 평균 유보임금을 살펴보면 여성은 4,234만 원, 남성은 4,531만 원을 나타낸다. 응답자 개인은 노동시장에서의 임금 궤적에 대해 시나리오 1에서 제시하는 60%보다 훨씬 더 높은 임금 상승률(초임 대비 2배 이상)을 기대하고 있었다. 그 기댓값에 비해 시나리오 1에서 제시하는 생애 임금 상승률이 크게 낮아졌기 때문에 응답한 유보임금은 남녀 모두 본인이 기대하던 상황하에서의 유보임금보다 1천만 원가량 증가하였다.

〈표 4-13〉 임금 궤적에 따른 유보임금 변화 실험 결과

	(1)	(2)	(3)
여성			
scenario 2	-0.037* (0.020)	-0.038* (0.020)	-0.043** (0.020)
scenario 3	-0.010 (0.020)	-0.014 (0.020)	-0.017 (0.019)
Reservation wage in Scenario1	4233.833	4233.833	4233.833
N	1,518	1,518	1,518
남성			
scenario 2	0.024 (0.036)	0.021 (0.036)	0.019 (0.035)
scenario 3	0.005 (0.036)	0.010 (0.036)	0.011 (0.036)
Reservation wage in Scenario1	4530.556	4530.556	4530.556
N	650	650	650
가족배경, 학교생활		Y	Y
계획 및 성향 관련 변수			Y

주 : 각 열은 개별 회귀분석 결과를 나타냄. 표준오차는 괄호 안에 제시하고 이분산이 교정된 강건 표준오차(robust standard error) 사용.
* p〈0.10, ** p〈0.05, *** p〈0.01.

자료 : 자체 설문조사.

여성은 저성과에 대한 임금 페널티가 낮아졌을 때(시나리오 2) 유보임금이 4%가량 낮아진다. 이 변화는 개인의 심리적 성향까지 통제하여도 동일하다. 반면 저성과 근무자에 대한 임금 상승률은 동일하고 나머지 평균 임금 상승률이 증가한 시나리오 3에서의 유보임금은 유의한 변화가 없다. 이 결과는 앞서 노동시장에서 예상하는 여성 근로자의 평균 임금 상승률은 노동시장 진입 전 여성의 유보임금에 유의한 영향을 주지만, 남성 근로자의 평균 임금 상승률 예상값은 유보임금에 유의한 영향을 미치지 않았던 결과와 일치하는 것으로 보인다.

반면 남성은 시나리오 1 대비 시나리오 2와 시나리오 3 모두에서 유보임금의 유의한 변화가 나타나지 않는다. 남성의 결과는 통계적으로 유의하지는 않지만 시나리오 1 대비 시나리오 2에서 유보임금이 증가하는 것으로 나타나 저성과에 대한 임금 페널티가 작을수록 유보임금이 증가하는 앞선 결과와 일치한다. 남성과 여성 모두 저성과 근로자가 아닌 근로자의 평균적인 임금 상승률 변화(시나리오 1과 시나리오 3)에는 유보임금이 거의 반응하지 않는 것으로 나타난다.

제5절 소 결

제4장에서는 수도권 4년제 대학 4학년 재학생을 대상으로 설문조사를 시행하여 취업을 희망하는 일자리에서 동일한 전공을 가진 대졸자의 평균 임금 궤적에 대해 어떤 기대를 가지고 있는지 조사하고 이들 기댓값이 첫 일자리 유보임금에 미치는 영향을 살펴보았다. 부가적으로 설문조사를 통해 본인의 생애 임금에 대한 기댓값과 성향이 성별에 따라 어떻게 다른지 살펴볼 수 있었고, 남녀 임금 격차의 원인에 대한 성별 견해 차이도 알 수 있었다.

설문조사에서 나타난 사실들을 요약하면 아래와 같다. 첫째, 노동시장 진입 전 남성이 예상하는 본인의 초임은 여성보다 약 10% 높다. 둘째, 노동시장 진입 전 남성은 본인의 생애 임금 상승률에 대해 여성보다 낙관적으로 기대한다. 셋째, 남녀학생 모두 노동시장에서 평균적으로 여성 근로자의 임금이 남성보다 낮고 임금 상승률도 낮을 것이라고 예상한다. 넷째, 그 원인에 대해 남성 응답자는 선호/성향 차이를 가장 큰 원인으로 꼽았고, 여성은 출산과 자녀 양육 부담의 차이, 노동시장에서의 성차별을 가장 큰 원인으로 꼽았다. 다섯째, 노동시장 진입 전 여성은 향후 본인이 투입할 업무량과 달성할 성과에 대해 남성보다 더 부정적으로 예상한다. 여섯째, 저성과를 예상하는 여성은 그 원인으로 출산과 자녀 양육, 업무 능력의 차이, 노동시장에서의 차별을 꼽았고 저성과를 예상하는 남성은 업무 능력의 차이, 적은 업무량에 대한 선호, 업무 성과보다 업무 종류에 대한 선호 중시를 그 원인으로 꼽았다.

본인의 생애 임금과 유보임금의 관계에 대한 분석 결과를 요약하면 남성과 여성 모두 본인이 기대하는 생애 임금 궤적의 기울기가 가파를수록 유보임금은 낮아진다. 취업을 희망하는 일자리에서 본인이 높은 임금 증가율을 가질 것으로 기대한다면 경력 초기 임금을 낮추어서라도 그 직업에 들어가는 것이 생애 임금을 높일 수 있기 때문이다.

한편, 노동시장 내에서 형성되어 있을 것으로 예상하는 남녀 임금 궤적의 격차에는 남성과 여성의 유보임금이 다르게 반응하였다. 노동시장 진입 전 여성은 동일 전공 여성 근로자의 평균 임금 증가율이 남성 근로자의 평균 임금 증가율과 가까울 것으로 기대할 때 유보임금이 낮아졌다. 하지만 노동시장 진입 전 남성은 동일한 기대하에서 유보임금이 오히려 높아졌다. 여성은 저성과에 대한 임금 페널티가 작은 직업을 선호하고, 남성은 성과에 대한 보상체계가 뚜렷한 직업을 선호하는 경향이 있어 이러한 결과가 나타났을 수 있다. 설문조사를 이용한 본 장의 실증분석 결과는 노동시장 진입 전 경제주체가 노동시장 내 남녀 임금 증가율의 격차를 작게 예상할수록 첫 일자리 유보임금의 성별 격차는 크게 나타남을 발견하였다.

제3장과 제4장에 걸친 분석 결과는 실현되지 않은 향후 성별 임금 격차에 대한 예상이 노동시장 진입 단계에서부터 영향을 미칠 수 있음을 보여준다. 이 결과는 여성의 생애 임금이 남성과 달리 연령에 따라 안정적으로 증가하지 않을 수 있다는 사실에서 비롯된다. 여성의 생애 임금 궤적이 남성과 같이 안정적으로 증가한다면 여성이 미래 임금 증가율의 안정성에 대한 대가로 첫 임금(또는 유보임금)을 낮추지 않아도 될 것이기 때문이다.

앞서 여성의 임금 증가율이 불안정한 이유는 여성이 남성에 비해 노동 투입의 양과 질이 평균적으로 적고 남녀의 선호가 다를 수 있기 때문이라고 설명하였다. 선호의 차이로 인한 노동 투입의 격차는 남성과 여성의 효용 격차를 야기하지는 않을 것이므로 논외로 하더라도, 그 외 요인으로 인해 여성의 노동 투입이 낮아지는 것에 대해서는 정책 개입의 여지가 없는지 고민할 필요가 있다.

선호 차이 외에 노동 투입의 성별 격차를 야기하는 중요한 원인 중 하나는 여성의 출산 후 양육과 가사 부담이다. 출산으로 인해 여성의 노동공급과 임금이 감소하는 현상을 일컫는 자녀 페널티(child penalty)는 거시적 관점에서는 출산 후 여성 인력의 효율적 활용과 출산율 제고의 측면에서, 개인적 관점에서는 여성 개인의 경력 개발 및 지속적 경제활동의 측면에서 개선되어야 할 사회적 문제로 인식되었다. 본 연구에서 제시하는 결과는 자녀 페널티(child penalty)가 자녀가 없는 청년 여성들의 임금에도 부정적인 영향을 야기할 수 있음을 함의한다. 노동시장에서 관찰되는 자녀 페널티(child penalty)가 크고, 그로 인해 청년 여성들이 노동시장 진입 전부터 큰 자녀 페널티(child penalty)를 예상한다면 그것이 여성들의 첫 임금에 부정적인 영향을 미칠 수 있기 때문이다.

실현되지 않은 현상에 대한 위험이 여성에게만 존재하고 그 위험을 낮추기 위해 여성들이 낮은 임금을 수용하는 비용을 지불할 수 있다. 이는 실현된 자녀 페널티(child penalty)의 비용보다 더 큰 사회적 비용이 존재할 수 있음을 의미하고, 가사 노동의 공평한 분담, 보육 및 가사 지원 서비스의 확대와 같은 여성의 지속적 경제활동을 위한 지원의 중요성을 지금보다 크게 강조할 것이다.

제 5 장
결 론

제1절 연구요약

출산 후 자녀 양육과 가사 부담의 불균형은 성별 임금 격차의 주요한 원인으로 지목된다. 하지만 가족 형성 이전에도 성별 임금 격차는 관찰된다. 2013~2019년 대졸자 직업이동 경로조사를 이용하여 추정한 결과 대졸 여성은 졸업 전 남성보다 9% 낮은 유보임금을 형성하고 7.4% 낮은 첫 임금을 받는다. 본 연구는 동일한 학력과 전공에도 불구하고 대졸 여성이 남성보다 낮은 유보임금을 형성하고 그 결과 첫 일자리에서 남성과 여성의 임금 격차가 나타나는 원인에 대해 연구하고자 하였다.

본 연구에서 고용형태별 근로실태조사를 통해 발견한 흥미로운 사실은 남성 근로자는 연령에 따라 임금이 지속적으로 증가하는 모습을 보이지만 여성 근로자는 30대 후반부터 임금 증가율이 정체되거나 감소하는 모습을 보인다는 점이다. 연령에 따른 임금 증가율은 30대 후반부터 남녀 격차가 커지기 시작하고, 연령대별 임금 궤적의 격차는 산업에 따라 다르게 나타난다.

임금 궤적 격차의 원인으로는 여성이 남성보다 적은 양과 질의 노동력을 투입하기 때문일 것이다. 선행연구에 기반할 때 출산 후 자녀 양육과 비금전적 가치에 대한 선호가 여성과 남성의 노동 투입 차이를 야기할 수 있다. 여성들이 향후 발생할 수도 있는 커리어 변화나 비금전적 가치를 중요하시는 성향을 반영하여 직업 선택을 한다면 여성들은 노동 투입 격차에 대해 임금 페널티가 적은 직업을 선호할 것이다. 안정적 임금 상승을 기대하는 남성과 달리 여성은 생애 임금이 안정적으로 증가하는 직업에 대해서는 그에 대한 대가로 낮은 유보임금을 형성할 가능성이 있다. 본 연구는 이로 인해 유보임금과 첫 임금의 성별 격차가 나타날 수 있다고 보고 이에 대한 실증 근거들을 제시하였다.

보고서는 세 개의 분석 장으로 구성되어 있다. 제2장에서는 대졸자 직업이동 경로조사(GOMS, Graduates Occupational Mobility Survey)를 이용하여 유보임금과 첫 임금의 성별 격차를 추정하고, 유보임금과 실현된 첫 임금 사이의 관계를 살펴보았다. 요인분석을 통해서는 유보임금 및 첫 임금 격차에 영향을 주는 요인을 살펴보고 경력 초기 성별 임금 격차와 관련된 정형화된 사실들을 제시하고 일부 새로운 사실들을 발견하였다.

유보임금에 영향을 미칠 수 있는 인적 특성, 재학 중 성과, 205개의 세부 전공을 모두 통제한 뒤에도 대졸 여성의 졸업 전 유보임금은 남성보다 9.0% 낮게 추정되었다. 성별 유보임금 격차는 2~3년제 대학 졸업생 사이에서 10.2%, 교육대학을 포함한 4년제 대학 졸업생 사이에서 8.3%로 나타나 4년제 대학에서 남학생과 여학생의 유보임금 격차가 더 작게 관찰되었다. 마찬가지로 인적 특성, 재학 중 성과, 세부 전공, 근로시간을 포함한 일자리 특성을 모두 통제한 뒤에도 대졸 여성은 남성보다 7.4% 더 낮은 첫 임금을 받았는데, 2~3년제 졸업생의 성별 첫 임금 격차는 10.7%, 교육대학을 포함한 4년제 대학 졸업생의 성별 첫 임금 격차는 6.1%로 추정되었다.

남녀 모두 대학 졸업 전 유보임금과 실현된 첫 임금은 강한 양의 상관관계를 보였다. 개인의 유보임금이 10% 높을 때 실현된 첫 임금은 남성이 2.41%, 여성이 1.63% 더 높았다. 유보임금 증가율보다 실현된 첫 임금의 증가율이 더 낮은 이유는 구직 경험을 거치며 구직자들이 현실에 맞는 수준으로 유보임금을 조정하기 때문이다.

흥미로운 사실은 유보임금과 첫 임금 사이의 관련성이 남성보다는 여성에게서 더 낮게 나타난다는 점이다. Cortés et al.(2023)에 따르면 구직기간이 길어짐에 따라 구직자들은 유보임금을 낮추며 실제 임금과 유보임금을 가깝게 조절하는 학습 경험을 거치는데, 그 속도가 여성이 남성보다 빠르게 나타난다. 저자들은 이를 여성들의 위험 회피적 성향과 남성들의 낙관적인 자기 평가에 기인한 결과로 해석한다. 남성보다 빠르게 유보임금을 낮추는 성향은 여성의 노동시장 이행 속도를 높이지만 동시에 더 낮은 임금의 일자리에 들어갈 확률을 높이기도 한다. 본 연구에서도 졸업 전 설정한 유보임금과 실현된 첫 임금 사이의 상관관계가 여성에게서 더 낮게 나타나는 이유를 동일하게 해석할 수 있을 것이다.

어떤 이유에서든 여성은 남성보다 노동시장 이행 전부터 낮은 일자리 기준을 설정하고, 이는 첫 일자리 결정에 영향을 미친다. 나아가 여성들은 구직 경험을 거치며 유보임금을 남성보다 빠르게 조절하는 경향이 있는 것으로 보인다. 또한 분석 과정에서 변수를 추가하며 발견한 편향(bias)의 부호를 통해 대학 졸업 전 유보임금이 높은 사람은 높은 임금의 산업으로 이행할 가능성이 높고, 높은 임금과 관련된 일자리 특성을 가질 확률이 높다는 사실도 확인할 수 있었다. 미래 임금과 경력에 대한 기대와 예측이 실현된 일자리 특성과 높은 상관관계를 보인다는 사실은 Arcidiacono et al.(2020)의 연구에서도 확인된 바 있다.

노동시장 진입 이전 향후 노동시장 성과에 대한 기대가 첫 일자리 질에 영향을 미친다는 사실은 청년들이 인식하는 노동시장 성과에 대한 기대가 실현되는 미래 소득에 장기적 영향을 줄 수 있음을 함의한다. 첫 일자리의 영향은 낙인효과나 인적자본 축적을 통해 장기간 지속되기 때문이다(Kahn, 2010). 특히 높은 교육 수준에도 불구하고 여성이 방어적으로 고용의 질을 낮추는 경향은 그 원인을 파악하고 정책 개입을 통해 개선이 가능한 영역이 있는지 판단할 수 있도록 더 많은 연구가 필요할 것이다.

제3장과 제4장에서는 노동시장 진입을 앞둔 여성들의 생애 임금 궤적에 대한 기대(belief)가 성별 유보임금 격차를 야기하는지 분석하였다. 먼저, 제3장에서는 고용형태별 근로실태조사와 대졸자 직업이동 경로조사를 이용하여 여성의 임금이 안정적으로 증가할 것으로 예상되는 산업에서 성별 초임 격차가 크게 나타나는지 살펴보았다. 제3장의 결과는 크게 세 가지로 요약된다. 첫째, 연령에 따른 남성들의 임금 변화는 모든 산업에서 안정적으로 증가하는 동일한 패턴을 보이지만 여성 근로자의 연령에 따른 임금 변화는 산업에 따라 다른 패턴을 보인다. 둘째, 많은 산업에서 여성 근로자의 임금

은 30대 이후 증가세가 둔화된다. 셋째, 예상 임금 증가율의 남녀 격차가 작은 산업에서 남녀 초임 격차가 크다.

고용형태별 근로실태조사를 통해 분석한 결과, 18개의 대분류 산업 중 11개의 산업에서 여성은 연령에 따라 임금이 증가하지 않고 감소하는 구간이 존재하였다. 반면 남성은 모든 산업에서 근로자의 연령이 증가함에 따라 임금도 지속적으로 증가하는 모양을 보였다. 현 직장 근속기간 또한 남성은 모든 산업에서 근로자의 연령이 증가할수록 현 직장 평균 근속기간이 증가하는 패턴을 보이지만 여성은 산업마다 그 패턴에 차이가 있다. 일부 산업에서는 남성과 마찬가지로 근로자의 연령이 증가함에 따라 현 직장 평균 근속기긴이 지속적으로 증가하지만, 30대 이후 근로자의 연령이 증가하여도 평균 근속기간이 증가하지 않는 산업도 존재한다. 이들 산업은 40대 여성 근로자 중 재취업이나 이직을 한 근로자가 많음을 뜻한다.

여성 근로자의 임금이 연령에 따라 남성과 비슷하게 변하는 산업에서는 20대 후반 대졸 근로자 사이에 성별 임금 격차가 크게 관찰되었다. 이는 여성들이 향후 남성과 비슷한 임금 증가를 기대할 수 있는 산업은 여성이 임금을 낮추어서 진입했을 가능성이 있음을 함의한다. 하지만 연령에 따른 임금 변화의 성별 격차가 큰 산업이라고 하여 여성들이 그 산업에 적게 진입하는 것은 아니었다. 다만 진입 시점 임금에서의 차이만 보일 뿐이었다. 임금 증가율의 성별 격차는 성별 초임 격차에도 유의한 영향을 미친다. 여성 근로자의 연령에 따른 임금 변화가 남성 근로자와 비슷한 궤적을 보이는 산업일수록 남성 대비 여성 대졸자의 첫 임금이 낮아 성별 초임 격차가 크게 나타났다.

제4장에서는 수도권 대학 4학년 학생들을 대상으로 생애 임금 궤적에 대한 기대를 직접 묻고 유보임금과의 관계를 추정하였다. 조사는 본인이 취업을 희망하는 일자리에서 받을 것으로 기대하는 연령대별 생애 임금 궤적과 유보임금, 해당 일자리에서 평균적으로 형성되어 있을 것으로 예상하는 노동시장 임금 궤적을 묻고 남성과 여성의 기대에 차이가 존재하는지 살펴보았다. 더 중요하게는 응답한 정보를 바탕으로 다음의 세 가지 분석을 진행하였다.

첫째, 희망하는 일자리에 취업하여 받을 것으로 예상하는 본인의 생애 기대 임금 궤적이 유보임금에 미치는 영향을 살펴보았다. 둘째, 희망하는 일자리에서 동일 전공 4년제 대졸자가 받을 것으로 예상하는 남녀 평균 임금 궤적을 조사하고, 남녀 임금 궤적의 격차를 작게 예상할수록 여성의 유보임금이 낮아지는지 추정하였다. 셋째, 생애 임금 궤적과 관련한 세 가지 상황을 설정하고 응답자에게 무작위로 하나의 상황만 제시한 뒤 그 상황에서의 유보임금을 질문하였다. 그리고 저성과 근로자에 대한 임금 페널티가 작은 시나리오를 제시받은 경우에 여성들의 유보임금이 유의하게 낮아지는지 추정하였다. 이를 통해 안정적 임금 상승에 대한 기대가 여성의 유보임금에 영향을 주는지 검증하고자 한 것이다.

분석 결과를 요약하기 이전에 설문조사에서 흥미로운 사실들을 많이 발견할 수 있었다. 첫째, 노동시장 진입 전 예상하는 본인의 초임은 남성이 여성보다 약 10% 높았다. 둘째, 노동시장 진입 전 남성은 본인의 생애 임금 증가율에 대해 여성보다 낙관적으로 기대하고 있었다. 셋째, 남녀 학생 모두 노동시장에서 평균적으로 여성 근로자의 임금이 남성보다 낮고 임금 상승률도 낮을 것이라고 예상하였다. 넷째, 그 원인에 대해 남성 응답자는 남녀 선호와 성향 차이를 가장 큰 원인으로 꼽았고, 여성은 출산과 자녀 양육 부담, 노동시장에서의 성차별을 가장 큰 원인으로 꼽았다. 다섯째, 노동시장 진입 전 여성은 향후 본인의 업무량과 성과에 대해 남성보다 더 부정적으로 예상하고 있었다. 여섯째, 노동시장에서 저성과를 예상하는 여성은 그 원인으로 출산과 자녀 양육, 업무 능력의 차이, 노동시장에서의 차별을 꼽았고 저성과를 예상하는 남성은 그 원인으로 업무 능력의 차이, 적은 업무량에 대한 선호, 업무 성과보다 업무 종류에 대한 선호 중시를 그 원인으로 꼽았다.

본인의 생애 임금과 유보임금의 관계에 대한 분석 결과를 요약하면 남성과 여성 모두 본인이 기대하는 생애 임금 궤적의 기울기가 가파를수록 유보임금은 낮아진다. 취업을 희망하는 일자리에서 본인이 높은 임금 증가율을 가질 것으로 기대한다면 경력 초기 임금을 낮추어서라도 그 직업에 들어가는 것이 생애 임금을 높일 수 있기 때문이다.

한편, 본인의 임금과는 별개로 노동시장에서 형성되어 있을 것으로 예상하는 남녀 임금 궤적의 격차에는 남성과 여성의 유보임금이 다르게 반응하였다. 노동시장 진입 전 여성은 동일 전공 여성 근로자의 평균 임금 증가율이 남성 근로자의 평균 임금 증가율과 가까울 것으로 기대할 때 유보임금이 낮아졌다. 하지만 노동시장 진입 전 남성은 동일한 기대하에서 유보임금이 오히려 높아졌다. 여성은 저성과에 대한 임금 페널티가 작은 직업을 선호하고, 남성은 성과에 대한 보상체계가 뚜렷한 직업을 선호하는 경향이 있어 이러한 결과가 나타났을 수 있다. 설문조사를 이용한 제4장의 실증분석 결과는 노동시장 진입 전 경제주체가 노동시장 내 남녀 임금 증가율의 격차를 작게 예상할수록 첫 일자리 유보임금의 성별 격차는 크게 나타남을 발견하였다.

제2절 정책 시사점

제2장에서는 대학 졸업 전 유보임금이 높은 사람은 높은 임금의 산업으로 이행할 가능성이 높고, 높은 임금과 관련된 일자리 특성을 가질 확률이 높아진다는 사실을 발견하였다. 즉, 노동시장 진입 이전 형성하는 향후 노동시장 성과에 대한 기대가 첫 일자리 질에 영향을 미친다는 것이다. 이는 청년들이 인식하는 노동시장 성과에 대한 기대가 실제 실현되는 미래 소득에 장기적 영향을 줄 수 있음을 함의한다. 첫 일자리의 영향은 낙인효과나 인적자본 축석을 통해 장기간 지속되기 때문이다(Kahn, 2010). 특히 높은 교육수준에도 불구하고 여성이 방어적으로 고용의 질을 낮추는 경향은 그 원인을 파악하고 정책 개입을 통해 개선이 가능한 영역이 있는지 판단할 수 있도록 더 많은 연구가 필요할 것이다.

또한 대학 재학기간과 구직기간 동안 여성이 본인의 인적자본에 맞는 적절한 기대와 기준을 형성할 수 있도록 경력 탐색을 돕는 멘토링, 컨설팅 서비스가 경력 초기 임금 격차 완화를 위해 필요할 것으로 보인다. 현재 청년층의 고용 촉진을 위해 대학 재학 시기부터 진로 역량을 강화하고 취업 활동 계획 수립을 돕는 선제적 고용서비스가 제공되고 있다. 이 서비스가 단순히 일관된 정보를 주는 서비스에서 나아가 청년 개개인이 역량에 맞는 취업 목표를 설정하고 필요한 훈련을 받을 수 있도록 연계하는 개별화된 서비스로 발전되어야 할 것이다.

제3장에서 새롭게 발견한 정형화된 사실은 연령에 따라 임금이 지속적으로 증가하는 남성과 달리 여성은 산업별로 연령에 따른 임금 변화의 정도가 다르게 나타나고, 연령에 따라 성별 임금 격차가 더 심해지는 산업이 존재한다는 것이다. 성별 임금 격차 완화를 위해 임금 공시, 승진 및 임금 차별 금지, 여성의 경력 발전을 위한 교육 · 멘토링 · 네트워킹 제공 등 다양한 정책이 시행되고 있다. 제3장에서 발견한 결과는 이러한 정책들이 높은 효과성을 갖기 위해서는 산업 특성을 함께 파악할 필요가 있음을 시사한다.

예컨대, 여성 근로자의 근속연수와 임금 증가율이 30대를 지나면서 함께 감소하는 산업은 모성보호제도 활성화가 특히 더 필요한 산업일 수 있고, 경력에 맞는 인적자본 성장을 위해 여성 근로자 멘토링, 네트워킹 프로그램이 큰 효과를 발휘할 수 있는 산업일 수 있다. 또한, 성과 기반 보상체계가 강한 산업 분야는 근속연수의 차이 없이 임금 증가율의 격차만 나타날 수 있다. 이러한 산업에서는 성별에 따른 성과 평가 대신 동등한 기여도를 보일 수 있는 업무체계를 구축하거나 여성 관리자 비중을 높이기 위한 교육 훈련 프로그램을 제공하는 것이 산업 특성에 맞는 적합한 지원이 될 수 있을 것이다.

제3장과 제4장에 걸친 분석 결과는 실현되지 않은 향후 성별 임금 격차에 대한 예상이 노동시장 진입 단계에서부터 영향을 미칠 수 있음을 보여주었다. 이 결과는 여성의 생애 임금이 남성과 달리 연령에 따라 안정적으로 증가하지 않을 수 있다는 사실에서 비롯된다. 여성의 생애 임금 궤적이 남성과 같이 안정적으로 증가한다면 여성이 미래 임금 증가율의 안정성에 대한 대가로 첫 임금(또는 유보임금)을 낮추지 않아도 될 것이기 때문이다.

앞서 여성의 임금 증가율이 불안정한 이유는 여성이 남성에 비해 노동 투입의 양과 질이 평균적으로 적고 남녀의 선호가 다를 수 있기 때문이라고 설명하였다. 선호의 차이로 인한 노동 투입의 격차는 남성과 여성의 효용 격차를 야기하지는 않을 것이므로 논외로 하더라도, 그 외 요인으로 인해 여성의 노동 투입이 낮아지는 것에 대해서는 정책 개입의 여지가 없는지 고민할 필요가 있다.

선호 차이 외에 노동 투입의 성별 격차를 야기하는 중요한 원인 중 하나는 여성의 출산 후 양육과 가사 부담이다. 출산으로 인해 여성의 노동공급과 임금이 감소하는 현상을 일컫는 자녀 페널티(child penalty)는 거시적 관점에서는 출산 후 여성 인력의 효율적 활용과 출산율 제고의 측면에서, 개인적 관점에서는 여성 개인의 경력 개발 및 지속적 경제활동의 측면에서 개선되어야 할 사회적 문제로 인식되었다. 본 연구에서 제시하는 결과는 자녀 페널티(child penalty)가 자녀가 없는 청년 여성들의 임금에도 부정적인 영향을 야기할 수 있음을 함의한다. 노동시장에서 관찰되는 자녀 페널티(child penalty)가 크고, 그로 인해 청년 여성들이 노동시장 진입 전부터 큰 자녀 페널티(child penalty)를 예상한다면 그것이 여성들의 첫 임금에 부정적인 영향을 미칠 수 있기 때문이다.

실현되지 않은 현상에 대한 위험이 여성들에게만 존재하고 그 위험을 낮추기 위해 여성들이 낮은 임금을 수용하는 비용을 지불할 수 있다. 이는 실현된 자녀 페널티(child penalty)의 비용보다 더 큰 사회적 비용이 존재할 수 있음을 의미하고, 가사 노동의 공평한 분담, 보육 및 가사 지원 서비스의 확대와 같은 여성의 지속적 경제활동을 위한 정책의 중요성을 지금보다 더 크게 강조할 것이다.

참고문헌

곽은혜 · 김영아 · 박진성(2022), 『성별 근로시간 격차 연구』, 한국노동연구원.

Altonji, Joseph G., Lisa B. Kahn and Jamin D. Speer(2016), "Cashier or Consultant? Entry Labor Market Conditions, Field of Study, and Career Success," *Journal of Labor Economics* 34 (S1), pp.S361~401.

Angelov, N., P. Johansson and E. Lindahl(2016), "Parenthood and the gender gap in pay," *Journal of labor economics* 34 (3), pp.545~579.

Arcidiacono, Peter, V. Joseph Hotz, Arnaud Maurel and Teresa Romano (2020), "Ex ante returns and occupational choice," *Journal of Political Economy* 128 (12), pp.4475~4522.

Becker, Gary S.(1985), "Human Capital, Effort, and the Sexual Division of Labor," *Journal of Labor Economics* 3 (1), pp.S33~58.

Blau, Francine D. and Lawrence M. Kahn(2006), "The U.S. Gender Pay Gap in the 1990s : Slowing Convergence," *ILR Review* 60 (1), pp.45~66.

______(2017), "The Gender Wage Gap : Extent, Trends, and Explanations," *Journal of Economic Literature* 55 (3), pp.789~865.

Blau, Francine D. and Marianne A. Ferber(1991), "Career Plans and Expectations of Young Women and Men : The Earnings Gap and Labor Force Participation," *The Journal of Human Resources* 26 (4), pp.581~607.

Card, David, Ana Rute Cardoso and Patrick Kline(2015), "Bargaining, Sorting, and the Gender Wage Gap : Quantifying the Impact of Firms on the Relative Pay of Women," NBER Working Papers.

Cortés, Patricia, Jessica Pan, Laura Pilossoph, Ernesto Reuben and Basit Zafar(2023), "Gender Differences in Job Search and the Earnings

Gap : Evidence from the Field and Lab," *The Quarterly Journal of Economics* 138 (4), pp.2069~2126.

Flory, Jeffrey A., Andreas Leibbrandt and John A. List(2015), "Do Competitive Workplaces Deter Female Workers? A Large-Scale Natural Field Experiment on Job Entry Decisions," *The Review of Economic Studies* 82 (1), pp.122~155.

Fortin, Nicole M.(2008), "The Gender Wage Gap among Young Adults in the United States : The Importance of Money versus People," *Journal of Human Resources* 43 (4), pp.884~918.

Goldin, Claudia(2014), "A Grand Gender Convergence : Its Last Chapter," *American Economic Review* 104 (4), pp.1091~1119.

Kahn, Joan R, Javier García-Manglano and Suzanne M Bianchi(2014), "The motherhood penalty at midlife : Long-term effects of children on women's careers," *Journal of Marriage and Family* 76 (1), pp.56~72.

Kahn, Lisa B.(2010), "The long-term labor market consequences of graduating from college in a bad economy," *Labour Economics* 17 (2), pp.303~316.

Kleven, Henrik, Camille Landais and Jakob Egholt Søgaard(2019), "Children and Gender Inequality : Evidence from Denmark," *American Economic Journal : Applied Economics* 11 (4), pp.181~209.

Kwak, E.(2022), "The emergence of the motherhood premium : recent trends in the motherhood wage gap across the wage distribution," *Review of Economics of the Household* 20 (4), pp.1323~1343.

Le Barbanchon, T., Roland Rathelot and Alexandra Roulet(2021), "Gender differences in job search : Trading off commute against wage," *The Quarterly Journal of Economics* 136 (1), pp.381~426.

Markussen, S. and M. Strøm(2022), "Children and labor market outcomes : separating the effects of the first three children," *Journal of Population Economics* 35 (1), pp.135~167.

McCall, J. J.(1970), "Economics of Information and Job Search," *The Quarterly*

Journal of Economics 84 (1), pp.113~126.

Miller, A. R.(2011), "The effects of motherhood timing on career path," *Journal of Population Economics* 24 (3), pp.1071~1100.

Oreopoulos, Philip, Till von Wachter and Andrew Heisz(2012), "The Short- and Long-Term Career Effects of Graduating in a Recession," *American Economic Journal : Applied Economics* 4 (1), pp.1~29.

Sandell, Steven H. and David Shapiro(1980), "Work Expectations, Human Capital Accumulation, and the Wages of Young Women," *Journal of Human Resources* 15 (3), pp.335~353.

Schwandt, Hannes and Till von Wachter(2019), "Unlucky Cohorts : Estimating the Long-Term Effects of Entering the Labor Market in a Recession in Large Cross-Sectional Data Sets," *Journal of Labor Economics* 37 (S1), pp.S161~198.

Wiswall, M. and Basit Zafar(2018), "Preference for the workplace, investment in human capital, and gender," *The Quarterly Journal of Economics* 133 (1), pp.457~507.

고용노동부(2009~2019), 「고용형태별 근로실태조사」.

한국고용정보원(2013~2019), 「대졸자 직업이동 경로조사」.

◈ 執筆者

• 곽은혜(한국노동연구원 연구위원)

경력 초기 성별 임금 격차 연구

▪ 발행연월일	2024년 12월 26일 인쇄 2024년 12월 30일 발행
▪ 발 행 인	허 재 준
▪ 발 행 처	한국노동연구원 30147 세종특별자치시 시청대로 370 세종국책연구단지 경제정책동 ☎ 대표 (044) 287-6081 Fax (044) 287-6089
▪ 조판 · 인쇄	도서출판 창보 (02) 2272-6997
▪ 등 록 일 자	1988년 9월 13일
▪ 등 록 번 호	제2015-000013호

 정가 5,000원

ISBN 979-11-260-0782-0